建筑合同能源管理案例精选

梁俊强　叶　倩　于　兵　主编

中国建筑工业出版社

图书在版编目（CIP）数据

建筑合同能源管理案例精选 / 梁俊强，叶倩，于兵主编. — 北京：中国建筑工业出版社，2019.4
ISBN 978-7-112-23279-6

Ⅰ. ①建… Ⅱ. ①梁… ②叶… ③于… Ⅲ. ①节能 — 能源管理 — 案例 Ⅳ. ① F206

中国版本图书馆CIP数据核字（2019）第025461号

责任编辑：张文胜
责任校对：王 瑞

建筑合同能源管理案例精选
梁俊强 叶 倩 于 兵 主编
*
中国建筑工业出版社出版、发行（北京海淀三里河路9号）
各地新华书店、建筑书店经销
北京点击世代文化传媒有限公司制版
北京缤索印刷有限公司印刷
*
开本：787×1092毫米 1/16 印张：11 字数：223千字
2019年4月第一版 2019年4月第一次印刷
定价：99.00元
ISBN 978-7-112-23279-6
（33569）

本书编写委员会

主　　编：梁俊强　叶　倩　于　兵

副 主 编：刘　珊　程　杰

委　　员：朱伟峰　杜佳军　邓光蔚　袁　瑷　杨晨安
刘慧君　吴宝财　邱益农　沈志明　朱灿银
迟立凯　明祥宇　王喜春　张　亮　张芸芸
汪洪涛　李志玲　蔡伊秋　王翔宇　唐燕燕
闫　石　邓　超　汪军民　谢志敏　齐亚超
石　卉

主编单位：住房和城乡建设部科技与产业化发展中心
上海建科建筑节能技术股份有限公司
上海东方延华节能技术服务股份有限公司
中国建筑节能协会建筑节能服务专业委员会

参编单位：江苏联宏智慧能源股份有限公司
江苏丰彩节能科技有限公司
南京绿鹏节能技术有限公司
北京大学第三医院
武汉市城市建设利用外资项目管理办公室
中节能建筑节能有限公司

前 言

既有公共建筑节能改造是我国“十二五”期间城乡建设领域的重点工作之一，开展既有建筑节能改造，不仅能有效降低建筑能耗，节约资源，大幅度减少整个社会的能源消耗，还能直接改善和优化广大群众的居住环境，对贯彻落实科学发展观以及构建社会主义和谐社会具有十分重要的意义。在国家“十二五”规划纲要中，继续实施建筑节能改造项目以及合同能源管理推广工程被作为节能重点工程列出。因此，采用合同能源管理方式开展既有建筑节能改造是建筑节能发展的一个重要手段。相比工业合同能源管理，建筑节能合同能源管理具有其自身特点。具体来说，工业合同能源管理项目多针对某一单项进行改造，对周边其他设备或系统影响较小。因此，工业合同能源管理项目改造周期相对集中，合同能源管理项目分享期的起始和终了时间节点较为明确。然而，建筑合同能源管理通常集成了多种节能技术，往往需要跨越一个完整的空调制冷季和供暖季，这就使得整个建筑合同能源管理项目实施周期较长，且由于所用节能技术的不同，在建筑合同能源管理项目中单项改造完成时间不同，分享期时间节点不一致，对节能服务公司来说实施难度进一步增加。

为了进一步打破建筑合同能源管理项目实施中的壁垒，2012 年元月，在科技部、住房和城乡建设部的支持下，“十二五”科技支撑计划“建筑物合同能源管理关键技术研究”课题正式启动，我中心作为课题承担单位组织针对建筑合同能源管理项目实施全过程中的关键问题开展了系列研究工作，课题组选取了典型项目对其实施中的经验和存在障碍进行反复剖析，并将研究成果逐一应用其中进行示范。本书中上海中国煤炭大厦浦东假日酒店、上海斯格威铂尔曼大酒店、上海奥林匹克俱乐部、上海建科大厦以及上海震旦国际大楼等案例正是课题组持续开展示范研究的项目，目前对其实施效果也在持续地进行跟踪。另外，为了更多地分享不同类型建筑合同能源管理项目的经验，感谢中国建筑节能协会建筑节能服务专业委员会推荐了部分优秀案例，可以为读者提供不同地区的项目实施经验。希望本书对从事建筑合同能源管理项目的相关管理、咨询、实施和运行等技术人员提供参考和指导。

因编者水平有限，疏漏与不足之处，恳请读者批评指正。

梁俊强

住房和城乡建设部科技与产业化发展中心副主任

“建筑物合同能源管理关键技术研究”课题负责人

2018 年 12 月

目　录

综　　述

能源消耗的持续增长与能源供应的深刻矛盾，以及所带来的环境污染，气候变暖等，是世界各国都需面对的世界性难题。具体到建筑领域，我国正面临着前所未有的减排压力。我国的建筑节能工作在“十一五”期间取得突破性进展，但主要是强调建筑节能过程的管理与控制，以新建建筑为主。对于存量巨大的既有建筑，其建筑节能的方式仍然是依靠政府力量强制推动节能改造，难以从根本上建立既有建筑节能改造的机制。

进入到“十二五”阶段，随着《关于加快推行合同能源管理促进节能服务产业发展的意见》（国办发 [2010]25 号）的正式发布，对促进合同能源管理发展的资金支持、税收扶持、会计制度和金融措施等提出了相关的要求，解决了多年来制约合同能源管理推广政策和体制的障碍，以合同能源管理模式为典型代表的建筑节能服务产业进入了快速发展的崭新阶段，成为促进建筑节能发展的有力抓手。“十二五”期间合同能源管理行业总产值持续增长，“十二五”期末，合同能源管理行业总产值达到 3127.34 亿元，比“十一五”末期增长 3.7 倍，其中建筑和公共设施领域对总产值的贡献率达到 30%，因受经济形势低迷带来的工业企业开工不足、能源价格低位徘徊以及建筑领域在既有建筑改造、公共建筑节能以及市场推进机制方面持续深耕等因素，建筑和公共设施领域呈现快速增长的势头，单体项目投资有较大提高，节能服务综合水平显著提升。

为推动建筑领域建筑节能服务产业的发展，科学技术部、住房城乡建设部批准立项了“十二五”国家科技支撑计划“建筑节能技术支撑体系研究”项目，其中由住房和城乡建设部科技与产业化发展中心负责组织实施“建筑物合同能源管理关键技术研究”课题，对建筑能耗定额与用能基准线、建筑节能合同能源管理运行模式、评价技术、激励政策以及节能量验证等关键技术问题进行研究，形成了一系列的成果，与中国建筑节能协会建筑节能服务专业委员会联合发布并出版了《建筑节能合同能源管理合同示范文本（2014 年版）》和《建筑节能合同能源管理项目实施导则》，促进了我国建筑节能服务行业的有序发展。在开展研究的过程中，根据合同能源管理项目的特点，从典型性、创新性、实效性等多个角度进行综合考虑，选取典型既有公共建筑进行合同能源管理示范，示范项目应满足建筑功能明确、建筑节能潜力大、改造内容典型且具有代表性、改造方案具有创新性、合理地应用先进节能改造技术等要求，课题组对示范项目进行了全过程的剖析，并将研究成果应用其中，这些项目的经验和成果都一一在本书进行了分享。同时，本书还精选了在建筑类型、技术形式、模式创新服务模式等方面有所突破的项目作为案例，以期作为参考，进一步推动行业的发展。通过所收录的 14 个案例，也可以看出我国建筑合同能源管理的发展呈现出以下特点：

（1）从地区分布看，项目主要来自于上海、江苏等地，主要是由于长三角地区建筑节能服务业发展较快，节能服务公司数量较多，逐渐形成了完善的政策和配套措施，各项财政奖励办法力度大，如根据《上海市合同能源管理项目财政奖励办法》，符合中央财政支持条件的项目，奖励资金由中央财政和上海市财政共同担负，其中：中央财政奖励标准为 240 元 /t 标准煤，上海财政奖励标准为 360 元 /t 标准煤，单个项目最高奖励不超过 600 万元，扶持力度属全国前列。

（2）从建筑类型与规模看，收录的 14 个案例主要以酒店建筑和办公建筑为主，项目数量约占 79%，如图 0–1 所示。项目主要以建筑面积 2 万 m^2 以上的大型公共建筑为主，其中 1/3 的项目建筑面积达到 10 万 m^2 以上。大型星级酒店和办公建筑作为能源消耗大户，管理者对节约使用能源、降低基本耗损、降低运行成本的意愿较强，而医院类建筑大多数由于需要 24h 不间断供电、安全性保障等原因，近几年才逐步尝试通过合同能源管理方式进行改造。

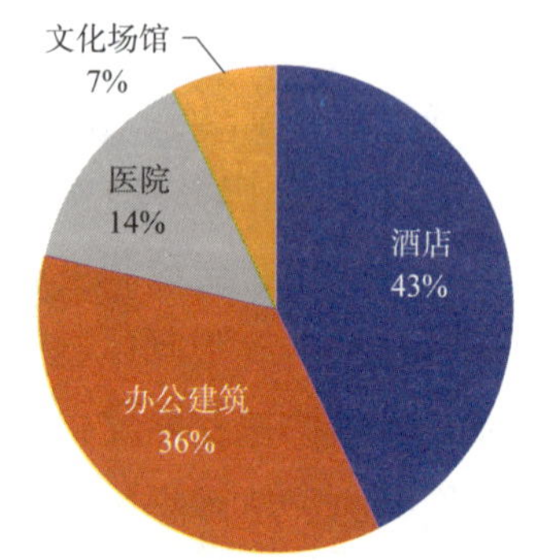

图 0–1　案例各类型建筑比例

（3）从服务模式和投资规模看，所选案例中，9 个案例采用节能效益分享型，约占 65%，节能效果保证型和能源托管型各 2 例（见图 0–2）。节能效益分享型是目前我国政府大力支持的类型，其模式是对节能改造工程的投入按照节能服务公司与用户的约定共同承担或由节能服务公司单独承担。项目建设施工完成后，经双方共同确认节能量后，双方按合同约定比例分享节能效益。项目合同结束后，节能设备所有权无偿移交给用户，以后所产生的节能收益全归用户。从 14 个案例制定的服务合同看，合同期限在 3 ~ 9 年之间，一般为 4 ~ 5 年，如图 0-3 所示。

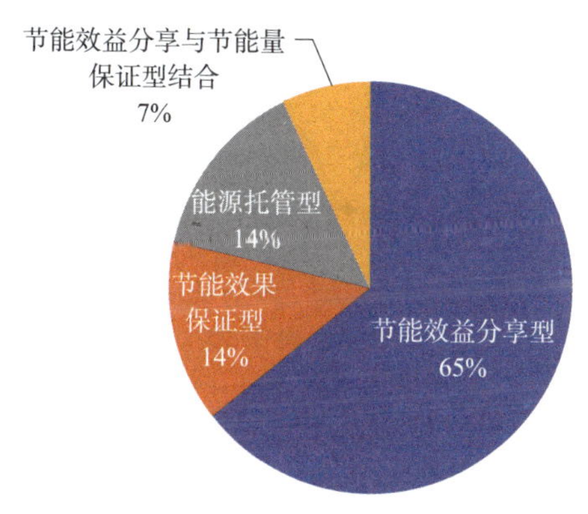

图 0-2 各类服务模式比例

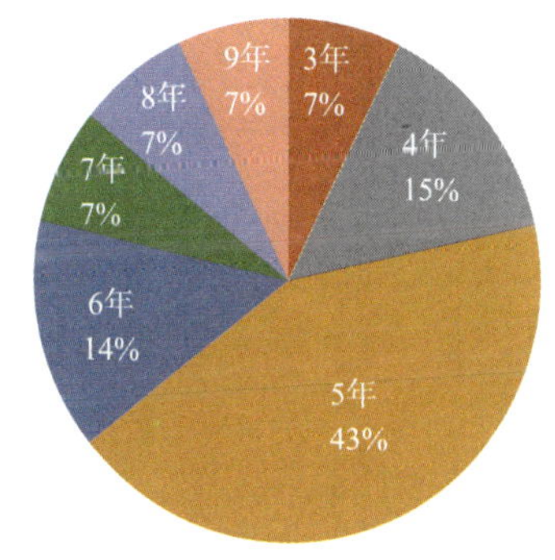

图 0-3 服务合同期限（年）比例

部分案例投资规模分析如图 0-4 所示，77% 的项目总投资额在 1000 万元以下，其中 200 万 ~ 400 万元 3 例，400 万 ~ 600 万元 3 例，1000 万元以上 3 例。

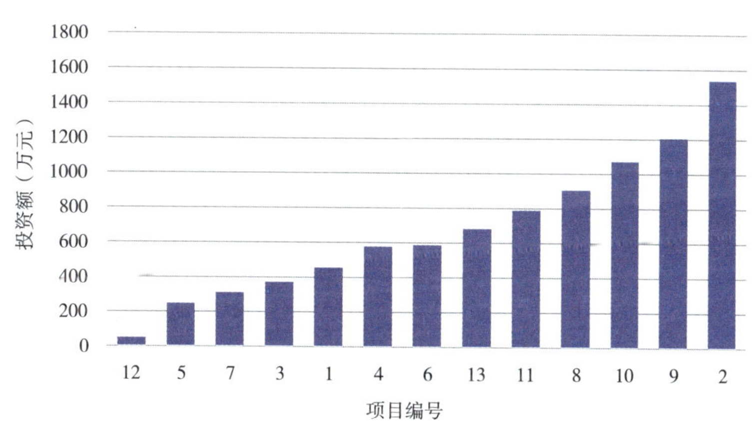

图 0-4 项目投资额

（4）从主要采用的技术措施与节能效果看，项目均主要以空调系统改造、生活热水系统改造、照明系统改造、变配电系统改造、增设能耗监测系统等综合改造为主。由于建筑节能服务业是以建筑使用过程中能源消耗的降低作为相关目标的经济活动，它有别于制造业、采矿业、建筑业等第二产业，属于第三产业的范畴；且这种经济活动主要包括建筑能源消耗的统计、监测、诊断、改造方案设计融资实施、节能运行和管理、节能技术服务、节能量交易等，较工业项目有着技术和管理多个层面的复杂性。可以看出，14 个改造完成后的综合节能率基本集中在 20% ~ 30% 之间（见图 0-5），对于建筑项目来说，是非常好的实施效果。

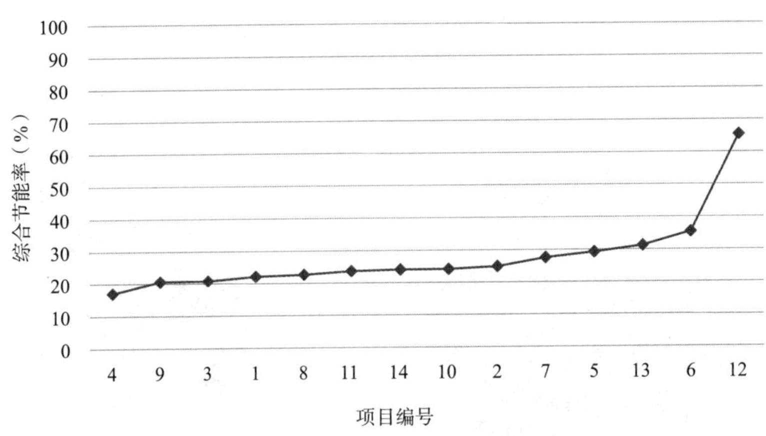

图 0-5　14 个案例综合节能率

另外，除了建筑用能设备的更新和改造外，低成本的建筑设备与系统的调适技术对技术人员的运营管理能力提出了更高的要求，也为建筑合同能源管理项目的收益开拓了更大的空间，相关的技术标准和程序方法还有待进一步的研究和应用。

综上，本书对每一个案例的基本情况、合同能源管理实施方案的制定、服务合同的签订和实施以及效果评价的全过程进行了介绍，总结了实施过程中的经验，希望将建筑合同能源管理项目实施的全过程呈现给读者，以期为建筑节能服务业做出一点贡献。

1

上海中国煤炭大厦浦东假日酒店

》项目外观图《

建筑功能：四星级酒店

建筑面积：53812m^2

EPC模式：节能效益分享型

技术措施：空调系统改造、生活热水系统改造、照明系统改造

实施效果：年能耗较基准能耗节省等效电为2672307kWh，综合节能率为22.21%

1.1 项目概述

1.1.1 建筑概况

上海中国煤炭大厦有限责任公司浦东假日酒店位于上海市浦东新区东方路899号，是一家四星级国际酒店，于1998年正式营业，2008年重新装修。酒店由主楼、裙楼组成，总建筑面积53812m^2，建筑总高度153m。建筑层数：地下2层，地上34层，其中B1、B2为地下车库，一～五层为裙楼，六～十三层用于商务楼出租，十四层为设备房，十五～三十二层为客房（共352间），三十三层为避难层，三十四层为设备层，酒店年平均入住率约70%。

大楼裙楼外围护结构为局部玻璃幕墙结构和外保温墙体，主楼外立面局部有玻璃幕墙，窗户采用中空镀膜铝合金玻璃窗，外墙和屋顶均进行了保温处理。

1.1.2 用能系统概况

酒店采用的能源类型主要是电和天然气，用能系统包括空调系统、生活热水系统和照明系统等。

1.1.2.1 空调系统

大楼原有空调系统分为南、北两区，冷热源均为8台风冷热泵，设置于三十四层屋面。2008年通过改造，将五层以下裙楼改造为一个系统，裙楼空调系统冷源为2台螺杆冷水机组，设置于地下二层冷水机房内，2台冷水机组一用一备，冷却塔放置于五层屋面；六～三十二层主楼仍分为南、北两区，冷源为原有的8台风冷热泵，风冷热泵机组夏季最多开启600RT（冷吨）。主楼、裙楼热源均为8台风冷热泵机组。图1–1为空调系统冷热源机组，表1–1为冷热源机组参数表。

图1–1 空调系统冷热源机组

空调冷热源机组性能参数表　　表 1-1

区域冷热源	设备名称	型号	台数	单台供冷量（kW）	单台功率（kW）	备注
裙楼冷源	螺杆式机组	开利 30HXC350A	2	1218	252	一用一备
主楼冷源	风冷热泵	约克 AUHC-200	8	607	234	—
地下二～三十二层热源				490	158	

酒店裙楼空调冷水输配系统包括 2 台冷水泵，单台额定流量为 227m^3/h，额定扬程为 32.4m，功率为 30kW；冷却水输配系统包括 3 台冷却水泵，单台额定流量为 355m^3/h，额定扬程为 30.8m，功率为 45kW。风冷热泵机组对应的输配系统包括冷水泵 10 台（南北各 5 台），单台额定流量为 105m^3/h，额定扬程为 32m，功率为 15kW。所有水泵均未变频，空调系统冷水泵如图 1-2 所示，水泵具体性能参数见表 1-2。

图 1-2　空调系统冷水泵

空调系统水泵参数表　　表 1-2

区域	设备名称	型号	台数	功率（kW）	流量（m^3/h）	扬程（m）	是否变频
主楼	冷水泵	GRONDFOS	10	15	105	32	否
裙楼	冷水泵	GRONDFOS	2	30	227	32.4	否
裙楼	冷却水泵	GRONDFOS	3	45	355	30.8	否

裙楼空调系统有 2 台冷却塔，单台功率为 15kW，风机未变频。具体性能参数见表 1-3。

冷却塔参数表　　表 1-3

区域	设备名称	型号	台数	电机功率（kW）	冷却水量（m^3/h）	风机是否变频
裙楼	冷却塔	NC8325F	2	15	310	否

1.1.2.2 生活热水系统

酒店生活热水全部由电加热锅炉提供，共分为5个系统，分别位于地下二层、五层、十四层、三十三层。其中地下二层有2个系统，3台360kW的电加热锅炉负责各区厨房及职工洗浴，2台150kW的电加热锅炉负责低区各层卫生间热水；五层电加热系统负责泳池水加热；十四层电加热系统负责十五~二十二层客房用生活热水；三十三层电加热系统负责二十三~三十二层客房用生活热水。各区域电加热锅炉均24h提供生活热水。各系统详细信息见表1–4。

生活卫生热水设备参数表　　表1–4

设备名称	台数	单台功率（kW）	供应区域	备注
大电加热（地下二层）	3	360	各区厨房及职工洗浴等	1台坏
小电加热（地下二层）	2	150	一~十三层卫生间	1用1备
五层电加热	1	45	五层泳池	—
十四层电加热	3	450	十五~二十二层客房	2用1备
三十三层电加热	3	450	二十三~三十三层客房	2用1备

1.1.2.3 照明系统

大楼照明系统总功率为991.67kW，主要照明设施为吸顶射灯、筒灯、格栅灯盘以及灯带等（见图1–3），具体参数见表1–5。

图1–3　照明设备现场

照明设备参数表　　表1–5

区域	主要光源
十五~三十二层客房	13W节能灯；35W吸顶射灯；T5 21W嵌入式吊顶灯带；T5 14W镜面灯
十五~三十二层走道、电梯厅	20W射灯；T5 21W灯带；T5 14W壁灯

续表

区域	主要光源
五层健身中心公共区域	20W 轨道射灯；12W 筒灯；T8 36W 荧光灯；游泳池 450W 金卤灯（常开 6 盏）
四层销售部、华东公司	12W 筒灯；T8 18W 三管格栅灯；T5 21W 灯带
二层公共区域	12W 筒灯
一层大堂、电梯厅、餐厅	150W、75W、35W 射灯；12W 筒灯；T5 21W 嵌入式吊顶灯带
地下一层自行车库、员工餐厅、洗衣房	T8 36W 直管荧光灯；13W 筒灯
地下二层车库、配电间、空调机房等	T8 36W 直管荧光灯

1.1.3 节能潜力评估

1.1.3.1 建筑总能耗分析

各类能源对应的等效电核算法折算系数参考表 1–6。

各类能源折算等效电系数表　　表 1–6

	等效电转换率	蕴含的总能量	折合等效电
电	100%	1.000kWh/kWh	1kWh/kWh
天然气	66.1%	10.814kWh/Nm^3	7.148kWh/Nm^3

酒店消耗能源种类主要为电和天然气。表 1–7 和表 1–8 为 2010 ~ 2012 年各类能源的实际年消耗量统计表，由表可见通过将建筑各类用能统一折算，得到 2010 ~ 2012 年建筑总能耗分别为 13130876kWh、13262596kWh 和 12034125kWh。

2010 ~ 2012 年建筑能源消耗统计表　　表 1–7

项目 \ 年份	2010 年	2011 年	2012 年
电（万 kWh）	1090.07	1076.58	978.77
天然气（万 m^3）	31.20	34.93	30.86
总能耗（kWh）	13130876	13262596	12034125

2010 ~ 2012 年单位建筑面积综合能耗统计表　　表 1–8

项目 \ 年份	2010 年	2011 年	2012 年
单位建筑面积年用电量 [kWh/（m^2·a）]	202.57	200.06	181.89
单位建筑面积年用气量 [m^3/（m^2·a）]	5.80	6.49	5.74
单位建筑面积年综合能耗 [kWh/（m^2·a）]	227.69	228.18	206.73

以 2012 年为例，酒店各类能源消耗比例分析见图 1-4。从图中可见，电力消耗占建筑总能耗的 82%，天然气占 18%。

依照大楼分项计量数据，对大楼用能系统及能耗最高的空调系统进行能耗拆分，各系统能耗比例如图 1-5 和图 1-6 所示。其中能耗较大的为空调系统、照明系统及电加热锅炉，在空调系统中能耗最大的为空调主机。

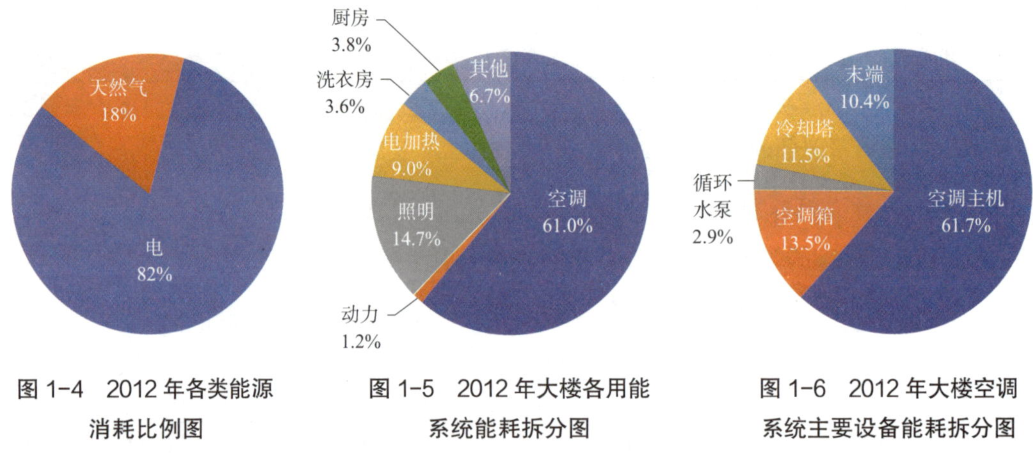

图 1-4　2012 年各类能源消耗比例图

图 1-5　2012 年大楼各用能系统能耗拆分图

图 1-6　2012 年大楼空调系统主要设备能耗拆分图

1.1.3.2　节能潜力分析

根据上述能耗分析结果，大楼各用能系统能耗较大的为空调系统、照明系统及电加热锅炉，而空调系统中能耗最大的为空调主机。通过能耗分析可见，大楼的节能改造可以从空调主机改造、电加热锅炉改造及照明系统改造等几个节能潜力最大的系统着手。

通过实测现场用能数据发现，大楼原风冷热泵运行时间长达 16 年，接近机器寿命极限。且随着使用年限的增加，风冷热泵机组效率出现衰减现象，根据现场测试，原风冷热泵机组夏季 COP 约为 2.5，冬季受室外环境温度影响，COP 约为 1.8。2012 年，风冷热泵系统的耗电量已达到 284.6 万 kWh，更换高效的主机设备后 COP 将显著提高，具有较大的节能潜力。

大楼生活热水全部由电加热锅炉提供，原生活热水的电加热设备使用时间也长达 16 年，已接近报废年限，需每年进行年检，电锅炉效率为 0.9 左右，导致建筑整体电耗较高，用能费用增加。

同时，大楼大部分光源仍为传统光源，可对使用频率较高的客房、走道、电梯厅、车库及大堂等区域进行 LED 节能灯具更换，节能率可达 50% 以上，且操作简便，节能效果显著。

1.2 合同能源管理实施方案的制定

1.2.1 总体方案的制定

对于该酒店的改造，主要思路从提高能源利用效率、减少不合理用能、加强能源管理三方面入手，制定相应的节能方案。

对于中央空调系统、热水系统、照明系统主要采用提高能源利用效率的技术措施，降低能源的消耗。其中包括针对中央空调冷源系统更换模块化磁悬浮离心冷水机组及相应辅助设备；热水系统增设双回路真空燃气热水机组和二氧化碳热泵热水器；照明系统按需要更换 LED 光源等措施。

1.2.2 各系统实施方案

1.2.2.1 空调系统

空调系统改造针对风冷热泵系统，根据现场踏勘及业主方提供数据，将其更换为 5 台 150RT 模块化磁悬浮离心冷水机组，用于夏季供冷，磁悬浮离心冷水机组 COP 达 5 以上，部分负荷效率可达 8.9，极大地提高了系统供冷效率；空调系统改造伴随有水泵、冷却塔、机房自控及电气管道等设施的综合改造（参见图 1–7 ~ 图 1–10），系统改造工程造价约为 394.5 万元。改造前后主机参数对比见表 1–9。

主机改造前后设备对照表　　表 1–9

项目	原系统设备参数		更换后设备参数	
	性能参数	数量	性能参数	数量
空调主机	风冷热泵 约克 AUHC ~ 200	8	型号：BSMW ~ 0525	5
	制冷量：607kW		制冷量：150RT	
	—		制冷剂：R134a	

图 1–7　新更换磁悬浮冷水机组

图 1–8　新更换冷却塔

图 1-9　新更换冷水泵

图 1-10　新更换冷却水泵

大楼原空调供暖热水由风冷热泵提供，本次改造空调供暖热源为 2 台燃气热水锅炉（与生活热水锅炉互联），供热能力为 3000kW（见图 1-11）。2012 年大楼空调供暖耗电量为 117.9 万 kWh，改造后锅炉供暖年耗气量约 3.4 万 m^3。

图 1-11　更换后的燃气热水锅炉

1.2.2.2　生活热水系统

由于大楼生活热水全部由电加热锅炉提供，改造后空调供暖热源与生活热水热源互连，选用双回路真空燃气热水机组：一回路供空调热水；一回路供高温水到各区容积式换热器，提供生活热水。空调供暖用机组和生活热水用机组可互为备用，机组可随时切换使用。热源改造后系统具备如下优势：设置的 3 台机组都能供应供暖热水及生活热水，互为备用，可靠性高；真空热水机组负压运行，安全性强。

为进一步提高节能效果，同时设置了 2 台二氧化碳热泵热水器，主要承担员工区生活热水负荷，二氧化碳热泵机组具有优越的高温制热能力和低温性能，采用天然冷媒 CO_2，制热 COP 最高可达 4.5，且具有较广的适用温度，在环境温度为 -10 ~ 43℃时均可使用。

1.2.2.3 照明系统

通过对大楼现场照明系统进行踏勘和方案设计，对大楼部分应用频率较高的客房、走道、电梯厅、车库及大堂等区域分期、分批次地进行了 LED 光源更换，大楼进行 LED 照明改造的灯具替换方案如表 1–10 所示，改造后照明灯具如图 1–12 所示。

灯具替换方案　　表 1–10

改造区域	改造前基准单灯实测功率（W）	LED 灯具改造名称及规格型号	改造 LED 灯单灯功率（W）	LED 灯更换原灯具数量（盏）
十五～三十二层标房	40	球泡灯	5	308
	35	射灯	5	2156
	21	T5 900mm	7	1540
十五～三十二层大套房	35	射灯	5	125
	40	球泡灯	5	25
	28	T5 1200mm	9	400
	21	T5 900mm	7	125
十五～三十二层小套房	35	射灯	5	108
	40	球泡灯	5	18
	21	T5 900mm	7	90
	21	T5 1200mm	9	126
三十二层总统套房	35	射灯	5	35
	28	T5 1200mm	9	46
	18	球泡灯	5	2
	21	T5 900mm	7	6
	36	球泡灯	5	10
十五～三十二层走道	20	射灯	5	504
	18	球泡灯	5	558
	28	T5 1200mm	7	234
	35	射灯	5	144
	28	T5 1200mm	7	522
客梯 4 台	13	球泡灯	5	32
	28	T5 1200mm	7	12
	21	T5 900mm	5	4
地下二～三十四层货梯厅	18	T8 600mm	5	216
五层健身中心	35	射灯	5	33
	36	T8 1200mm	9	4

续表

改造区域		改造前基准单灯实测功率（W）	LED 灯具改造名称及规格型号	改造 LED 灯单灯功率（W）	LED 灯更换原灯具数量（盏）
三层	多功能厅	18	球泡灯	5	46
	公共区域	18	球泡灯	5	25
		20	射灯	5	10
合 计		—	—	—	7464

图 1-12　改造后照明灯具照片

1.3　项目合同签订与实施

浦东假日酒店综合节能改造项目采用的是“节能量分享型”合同能源管理模式，合同于 2013 年 12 月签订，该项目空调改造部分节能效益分享期为 5 年，生活热水改造部分节能效益分享期为 6 年。项目实施进度如表 1-11 所示。

项目实施进度表　　表 1-11

项目开工时间	2013 年 12 月	项目竣工时间	2014 年 8 月
编写设计方案	2013 年 11 月 ~ 2013 年 12 月	完成节能项目设计方案	
编写施工方案	2014 年 1 月 ~ 2014 年 3 月	完成项目施工方案设计、设备采购	
项目施工阶段	2014 年 4 月 ~ 2014 年 5 月	完成生活热水系统改造、空调冷、热源改造及照明系统改造的施工、安装，设备的调试与试运行	
项目竣工验收阶段	2014 年 6 月 ~ 2014 年 8 月	项目竣工验收，并由第三方机构对项目设备进行检测	
节能效益分享期	2014 年 9 月 ~ 2020 年 9 月	根据实际产生的节能效益双方按比例分享	

1.4 运行与效果评价

酒店改造后空调系统冷源为5台模块式磁悬浮冷水机组，热源为3台燃气真空热水机组。改造后，5～11月由磁悬浮冷水机组为大楼供冷，由于磁悬浮冷水机组在低负荷运行时能效较高，根据室外天气状况，一般开启3～5台机组，并与冷却水泵、冷水泵、冷却塔联控，使空调制冷系统保持在能效较高的水平运行。大楼所选用的燃气真空热水机组为双回路燃气真空热水机组：一回路12～4月供空调热水；一回路供高温水到各区容积式换热器供大楼生活热水，空调供暖用机组和生活热水用机组可互为备用，机组可随时切换使用。

1.4.1 节能效果的评价

对浦东假日酒店进行综合节能改造，空调系统主机更换为模块化磁悬浮冷水机组，机组效率大幅提高，选用双回路真空燃气热水机组，生活热水能耗费用降低，并对大楼使用频率较高区域的灯具进行LED节能灯具更换，改造后照明总功率下降。酒店综合节能项目改造前后的能耗对比如表1-12和图1-13所示，酒店综合节能改造总节能量折合等效电2672307kWh，节能率为22.21%。

节能量汇总一览表　　表1-12

用能系统分类	节能改造内容	改造前年能耗（kWh）	改造后年能耗（kWh）	节能量（kWh）	节能率（%）
生活热水系统	燃气真空热水机组和 CO_2 热泵热水机组替代原有电锅炉	876110	415919	460191	3.82%
暖通空调系统	机更换为模块化磁悬浮冷水机组、燃气真空热水机组替代原有电锅炉	3280352	1681608	1598744	13.29%
照明系统	更换部分公共区域灯具为LED节能灯	796649	183277	613372	5.10%
合计		4953111	2280804	2672307	22.21%

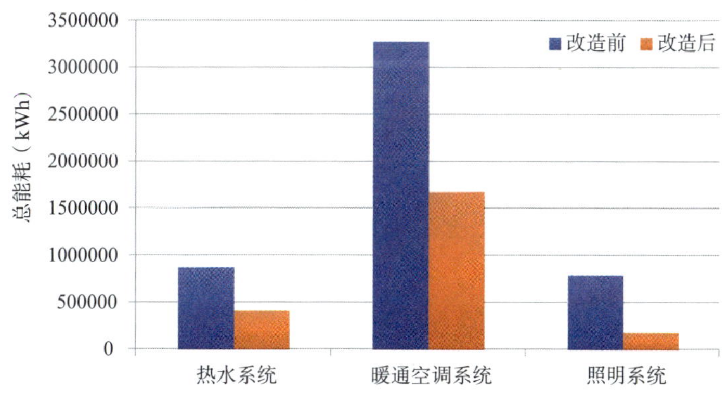

图1-13 改造前后主要系统能耗对比

1.4.2 经济性分析

节能服务公司投入449.38万元对上海中国煤炭大厦有限责任公司浦东假日酒店空调系统、生活热水系统等进行改造，照明系统由业主自行投资改造。该项目空调改造部分合同周期为5年，空调系统改造预计每年收益为104.4万元；生活热水系统改造部分合同周期为6年，生活热水系统改造预计每年收益为33.88万元。该合同能源管理项目内部收益率为14.41%，动态投资回收期4.23年。该合同能源管理项目能够在合同期内收回投资，经济性较为合理。

1.5 实施亮点与经验分享

1.5.1 实施亮点

1.5.1.1 磁悬浮制冷技术的应用

浦东假日酒店需改造的风冷热泵机组位于大楼三十四层屋面，在设备更换时仅可利用三十四层屋面原放置风冷热泵机组的区域进行新设备的放置。若考虑传统冷水机组，体积较大设备摆放及运输都存在很大的困难，同时在土建施工过程中会产生较多费用。本项目经过多个方案比选，最终采用模块化磁悬浮离心冷水机组，该机组的优势如下：

（1）综合运行效率高

目前大多数恒速离心机的综合部分负荷效率（IPLV）约为5.6，基本已达瓶颈。而磁悬浮冷水机组综合部分负荷效率（IPLV）远高于现有机组，并且其在部分负荷条件下COP明显提高。只需配合良好的群控系统即可发挥较高的系统效率，真正实现空调系统大幅降耗。在实际的使用中，大型冷水机组在满负荷工作的时间极少，在低负荷时，磁悬浮机组优势显著。

（2）模块化机组方便运输，运行灵活

模块化机组尺寸为1200mm × 890mm × 1800mm，可轻松进出电梯（见图1-14），避免大型设备吊装，降低改造施工成本。在改造项目中具有很强的适用性。同时，模块化机组运行时可根据末端负荷灵活控制开启台数，最大限度降低能耗。

图1-14 模块化磁悬浮离心冷水机组现场运输照片

（3）负荷调节范围广

磁悬浮机组可以实现从5%到100%的无级调节，且低负荷时效率远高于普通机组。

（4）机组日常维护费用低

磁悬浮机组不需要润滑油系统，因此管路系统大大减少，在日常的维护中，也避免了繁杂的管路维护及润滑油系统维护，节省了维护费用。

（5）其他优势

质量运行安全可靠，运行噪声低，机组故障率低，启动电量低，智能断电保护无需人员值守等。

1.5.1.2　燃气真空热水锅炉的应用

浦东假日酒店原空调热源为风冷热泵机组，生活热水热源为电加热锅炉，风冷热泵机组已接近使用寿命，无法满足供热需求，电加热锅炉已使用 17 年，内部电热管出现损坏、生锈等现象。根据现场设备安装情况、实际使用需求及运行费用比较，最终确定采用燃气热水锅炉作为新的热源（生活热水热源与空调供暖热源互连），并增加相应一次水环路（见图 1-15）。热源改造后有如下优势：

（1）更合理：3 台机组都能供应供暖及生活热水，互为备用，可靠性更高。

（2）更安全：真空热水锅炉负压运行，不存在爆炸隐患。国家质量监督检验检疫总局国质检锅函 [2002]288 号文件规定，用户安装使用真空热水锅炉不需要质量技术监督行政部门注册登记、不需年检。

（3）更节能：春秋季供暖负荷低时，只需开 1 台即可，避免大马拉小车的现象，运行效率提高。

（4）使用寿命更长：真空热水锅炉采用全湿背结构，热媒水封闭循环，无需补充，锅炉不结水垢、不腐蚀，正常使用寿命达 20 年以上。

图 1-15　真空热水机组现场吊装照片

1.5.2 经验分享

随着社会的发展进步，各行各业的节能减排意识都有极大的提高。节能减排不仅是政府的要求和企业的需求，更是节能服务产业的追求。该项目为上海中国煤炭大厦有限责任公司浦东假日酒店综合节能改造项目，在对整个建筑的用能系统进行深入分析的基础上，根据项目实际情况，有针对性地提出了整体的节能方案。

该项目采用新型磁悬浮冷水机组替代老旧的风冷热泵机组。酒店的机房位于大楼三十四层屋面，模块式磁悬浮冷水机组很好地解决了老楼改造中新设备的运输安装问题，并且磁悬浮冷水机组效率较传统冷机更高，满足安装条件的同时可更大限度地实现节能。值得一提的是，该项目为新安装的空调系统，包括磁悬浮冷水机组、冷水泵、冷却水泵及冷却塔量身定制了一套群控系统，经过一个制冷季的调试运行，不断调整运行策略，满足客户舒适度的前提下，最大限度地提高系统综合效率。另外，该项目用燃气真空热水锅炉替换电锅炉，在解决酒店热水供应的同时有效地降低能耗费用。

2

上海斯格威铂尔曼大酒店

》项目外观图《

建筑功能：五星级酒店

建筑面积：10 万 m^2

EPC模式：节能效益分享型

技术措施：空调系统改造、生活热水系统改造、照明系统改造、变配电系统改造、增设能耗监测系统

实施效果：年能耗较基准能耗节省标准煤 1437t，减少碳排量 3593t，综合节能率为 24.9%

2.1 项目概述

2.1.1 建筑概况

上海斯格威铂尔曼大酒店（以下简称铂尔曼酒店）位于上海市黄浦区打浦路 15 号，于 2007 年开业，全年对外营业。建筑面积近 10 万 m^2，52 层的酒店大楼总高 226m，是浦西最高的酒店。

酒店拥有 653 间客房（其中包含 78 间套房）、5 家各具特色的餐厅，17 间功能不同的会议室，室内设恒温泳池、水疗中心、健身中心等配套设施。其地下一、地下二层为地下停车场，一～三层为酒店裙房，四层为酒店设备层，五层为健身中心，六～四十六层为酒店客房层，四十七层为酒店会展中心，四十八层为酒店厨房，四十九～五十层为酒店西餐厅，五十一～五十二层为总统套房。

2.1.2 用能系统概况

酒店采用的能源类型主要是电和天然气，用能系统有供热系统（供暖、热水、蒸汽）、空调系统、照明系统、配电系统、能耗监测系统等。

2.1.2.1 供热系统

酒店的供暖和生活热水由锅炉房的蒸汽锅炉提供。锅炉房位于酒店地下二层，锅炉房内有蒸汽锅炉 4 台，1 用 3 备，4 台锅炉来回切换使用。单台锅炉的额定产出蒸汽量为 6t，最冷日消耗天然气量 10000m^3。锅炉生产的蒸汽除供酒店（高、中、低区）生活热水、酒店（高、中、低区）空调供暖、游泳池热水外，还供应洗衣房、除氧器以及海鲜蒸箱使用（见图 2-1）。

图 2-1 锅炉系统供汽回路及 BA 监控图

2.1.2.2 空调系统

铂尔曼酒店空调系统冷源包括约克离心机组 4 台，机组型号 YKFKFMP95CQF，制冷量 700RT/ 台，额定输入功率 490kW，蒸发器承压 1.60MPa。制冷机房位于酒店地下二层，从机房的分水器共分 3 路冷水供水：裙楼冷水供水（地下一 ~ 四层）；低区冷水供水（五 ~ 三十五层）；高区冷水供水（三十七 ~ 五十层）。高区冷水供水系统通过 2 台板式换热器以及 3 台冷水二级泵向高区空调供给冷水，板式换热器及冷水二级泵位于三十六层设备层。空调冷源主要设备如表 2–1 和图 2–2 所示。

空调系统主要设备清单 表 2–1

序号	设备	位置	功率（kW）	数量（台）	备注
1	制冷主机	地下二层	490	4	1 台 VSD
2	冷水泵	地下二层	55	5	—
3	冷却水泵	地下二层	75	5	—
4	板式换热器	三十六层	—	2	—
5	二级冷水泵	三十六层	30	3	—
6	冷却塔	五十二层	22	4	—

图 2–2 制冷机房设备及 BA 监控图

2.1.2.3 照明系统

酒店原有照明灯具光源类型为 MR16 卤素射灯、螺旋或 U 型节能灯、白炽灯、T5 日光灯带、T8/T5 荧光灯（见图 2–3）。

图 2–3 酒店部分室内灯具图

2.1.2.4　变配电系统

铂尔曼酒店原有供电系统为两路供电，配电机房位于酒店地下二层，供电总容量为12000kVA，每路供电配备包括2台2500kVA和1台1000kVA变压器，35kV直降0.4kV系统，改造前6台变压器皆处于较低负载工况，尤其是两台1000 kVA变压器工作效率较低。

2.1.2.5　能耗监测系统

铂尔曼酒店除了已安装的水、电、气总表外，已在各个使用锅炉蒸汽的支路上安装了蒸汽表，对蒸汽锅炉的能源消耗情况有详细的历史记录。但是在电能监测方面，酒店只在少数使用电能的设备上安装了计量电表，对整个酒店空调、照明系统等的电能消耗无法做出详细的统计和相应的分析，很难以此为依据做出相应节能诊断，电能的管理节能和行为节能还完全依赖人员的经验和设备使用习惯。

2.1.3 节能潜力评估

根据酒店用能现状，采用“节能三步分析”策略，首先在保证舒适度的前提下，尽可能地减少不合理用能需求；其次考虑充分利用可再生能源；最后采用经济效益合理的节能技术和产品。在对酒店进行全面的现场调研、测试、诊断分析基础上，判断酒店存在的节能潜力如下：

（1）该酒店生活热水系统和泳池热水系统采用传统能源，能源利用效率相对较低。

（2）中央空调系统设备调节性能较差，存在较大的用能优化空间。

（3）照明系统灯具仍然采用传统灯具，能源利用效率较低。

（4）变配电系统存在配电容量较大现象，有进一步优化空间。

（5）能耗监测方面，能耗计量不全面，难以对酒店用能进行全面监测和有效管理。

（6）在用能管理方面，酒店仍然依靠现场工人的经验进行操作，智能化和自动化程度较低，科学化的用能管理操作有待进一步提高。

总体而言，在技术改造和运行管理等方面均具有较大的节能空间。

2.2 合同能源管理实施方案的制定

2.2.1 总体方案的制定

对于本酒店的改造，主要思路是从提高能源利用效率、减少不合理用能、加强能源管理入手制定相应的节能方案。

对于中央空调系统、热水系统、照明系统主要采用提高能源利用效率的技术措施，包括针对空调系统实施了变频改造；热水系统进行了管路改造并增设热泵；照明系统按需更换LED光源。对于配电系统主要采用减少不必要的能源消耗来减少不合理用能；

对酒店安装能耗监测系统，加强能源管理以实现节能。

2.2.2 各系统实施方案

2.2.2.1 热水系统

（1）低区生活热水改造

根据统计结果显示，低区生活热水的年天然气用量为 403663m^3，其中冬季（12 ~ 3 月）天然气用量为 108443m^3，非冬季天然气用量为 295220m^3。

生活热水系统改造后，热泵热水器产生的热水存入不锈钢保温水箱，此水箱为开式水箱，不承压。使用一套变频恒压供水系统向管网和末端供水，变频器调节水泵转速，控制和稳定供水压力；系统回水从原回水管开旁路进入水箱，热水在水箱和管网之间能够形成循环。当水箱内水温过低时，机组将开启循环加热模式，启动循环泵和主机，再次加热蓄水，由此能够保证水箱内的水始终保持在设定温度。

将原汽包的供水端引一支旁路接入水箱，在连接管道上安装一个由水位控制的电动阀。当水位过低时，如当天用水量极端大或天气严寒导致热泵产水速度很低时，此电动阀自动开启，向水箱补充热水。低区生活热水改造示意图如图 2–4 所示。

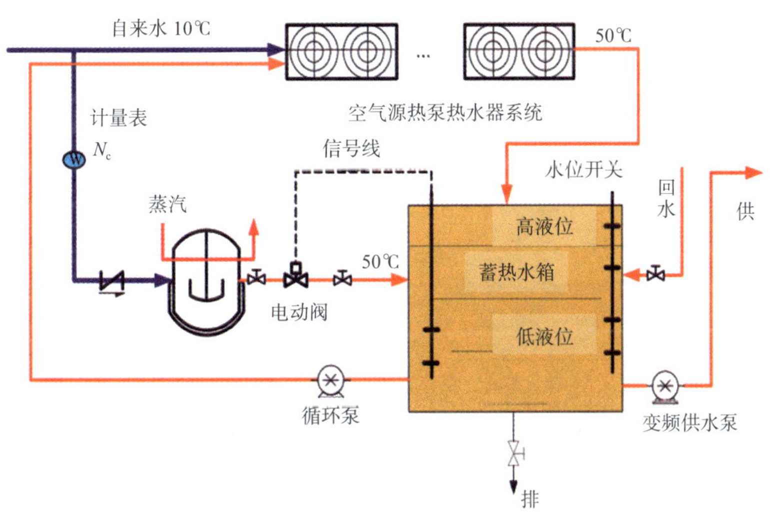

图 2–4 低区生活热水改造示意图

按照低区生活热水系统天然气耗量和参考设计工况，综合考虑投资和节能效益等因素，为充分利用热泵热水系统，实现最佳的经济效益，最终选择 6 台热泵热水器主机（可满足 66.7% 负荷，80% 使用工况的需求）。

（2）游泳池热水改造

根据统计结果显示，游泳池热水的年天然气用量为 140232m^3，其中冬季（1 ~ 3 月，

12 月）天然气用量为 73422m³，非冬季天然气用量为 66811m³。

泳池原使用锅炉 / 汽水板式换热器供热，该项目改造后使用空气源热泵与原锅炉 / 汽水换热器并联的方案，改造示意图如图 2-5 所示。正常情况下，使用热泵系统供热，如果系统出现泳池换水或天气极端寒冷，亦可使用原锅炉系统供热。

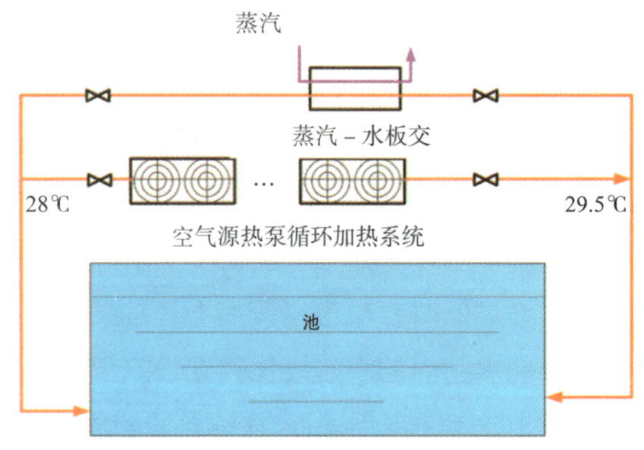

图 2-5　游泳池热水改造示意图

按照泳池热水系统天然气耗量和参考设计工况，综合考虑投资和节能效益等因素，为充分利用热泵热水系统，实现最佳的经济效益，最终选择 3 台热泵热水器主机（可满足 60% 负荷，75% 使用工况的需求）。

2.2.2.2　空调系统

根据铂尔曼酒店制冷机组全年运行抄表记录可以总结出如下运行情况：制冷机组全年运行基本处于 55% ~ 75% 的负荷状态。通过现场勘查及分析，确定对中央空调系统中的冷水泵、二级冷水泵、冷却水泵及冷却塔风机实施变频改造，如图 2-6 和图 2-7 所示。

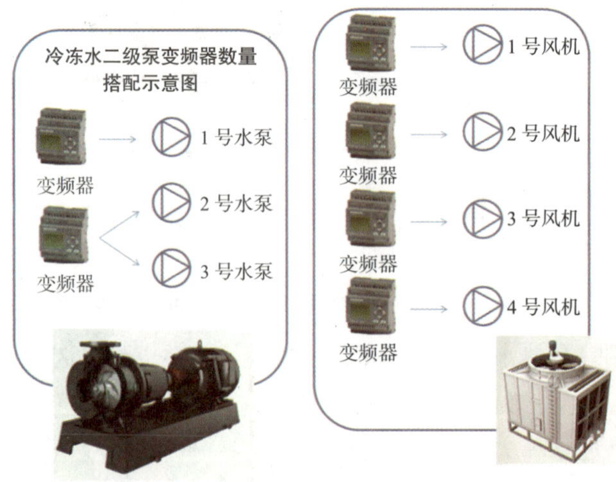

图 2-6　变频器数量搭配示意图

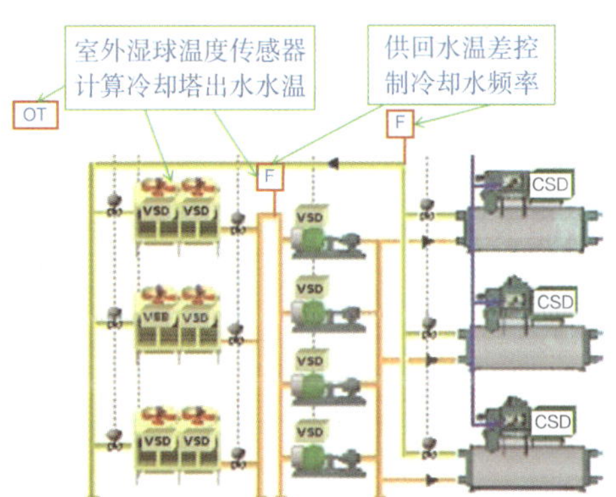

图 2-7　冷却水系统变频控制原理

2.2.2.3　照明系统

通过现场调研发现，改造前酒店使用的照明产品光源主要是 MR16 卤素灯、螺旋或 U 型节能灯、白炽灯泡、蜡烛灯、T8/T5 荧光灯等。

为更好地达到酒店实现节能减排、绿色照明的要求，根据实地考察情况和征求酒店工程部门的意见，对酒店灯具的光源进行了节能改造，选用新型的低功耗高效率的 LED 光源替代原有光源，包括了 LED 球泡灯、LED 高压软灯条、LED 玉米灯、LED T8 灯管、LEDMR16 射灯、LEDT5 一体化灯具等，如图 2-8 所示。

图 2-8　酒店部分室内灯具照片

2.2.2.4 变配电系统

根据现场调研情况以及用户的实际需求，原有6台变压器皆处于较低负载工况，尤其是两台1000kVA变压器工作效率较低，可以做减容改造，减容改造后供电总容量降为10000kVA。即每路进线电源各减去一台1000kVA变压器容量，但此退役变压器原有低压侧用电系统不变，维持原状，且并接在运行中的2台2500kVA变压器低压总线上（二路电源）。

经过减容改造后的两台变压器停止运行，不存在负载损耗，改造后两台变压器的负载能耗为零，从而实现节能。

2.2.2.5 能耗监测系统

铂尔曼酒店建立能耗监测管理平台除了实现直接对酒店各条常规电力支路的能耗监控外，配合合同能源管理节能改造的实施还将实现：对被改造设备用电支路的计量，主要反映该设备改造前与改造后的能耗状况；同时帮助酒店管理人员提高对目标设备的日常管理，依据平台提供的监测数据做出相应节能诊断，得出切实可行的节能办法，包括管理节能、技术节能和公示行为节能，降低酒店的能源消耗，提高酒店的运行管理水平，减少铂尔曼酒店的运行管理费用。

根据雅高集团要求，铂尔曼酒店在能耗计量监测方面已有一定基础，每天对供电公司总表、燃气公司总表定时人工抄表记录，在各个使用锅炉蒸汽的支路上安装了蒸汽表，对蒸汽锅炉的能源消耗情况有详细的历史记录；在部分二级回路装有电度表，在各楼层业主进线端装有用于结算的三级表。但是由于对整个酒店空调、照明系统等分项电能消耗无法做出详细的统计和相应的分析，很难以此为依据做出相应节能诊断，电能的管理节能和行为节能还完全依赖人员的经验和设备使用习惯。

根据铂尔曼酒店的实际情况，确定电力计量与数据采集监测点位，包括变压器出线及所有二级回路共78条用电支路,以及所有涉及该项目改造的设备末端共15个设备，共计93个表计。

通过上述计量与监测系统建设，酒店方不仅实现了对每个重要回路实时监测的功能，也实现了分项、分户、分区的能耗管理考核（见图2–9）。以下列举几点酒店管理节能方法上值得推广的措施：

（1）总预算控制：酒店总经理对酒店每个月总能耗实行预算管理，通过平台每天监控实际能耗是否超预算，一旦限值超越需工程部总监当面汇报原因。

（2）重点设备，分工管理：利用平台能耗排名将监测到的酒店排名前20条回路，分派给工程部4位值班经理，由他们随时监控其管辖的5条回路实时能耗，并且寻找节能空间，提出节能建议；一旦建议采纳，并且实施后有实效，酒店进行及时的节能奖励。

（3）分户计量，分部考核：利用平台分户计量功能，将部分区域的能耗分解到酒店各部门，比如餐厅、客房、洗衣房等，各自根据业务量考核能耗总量，而不是全部

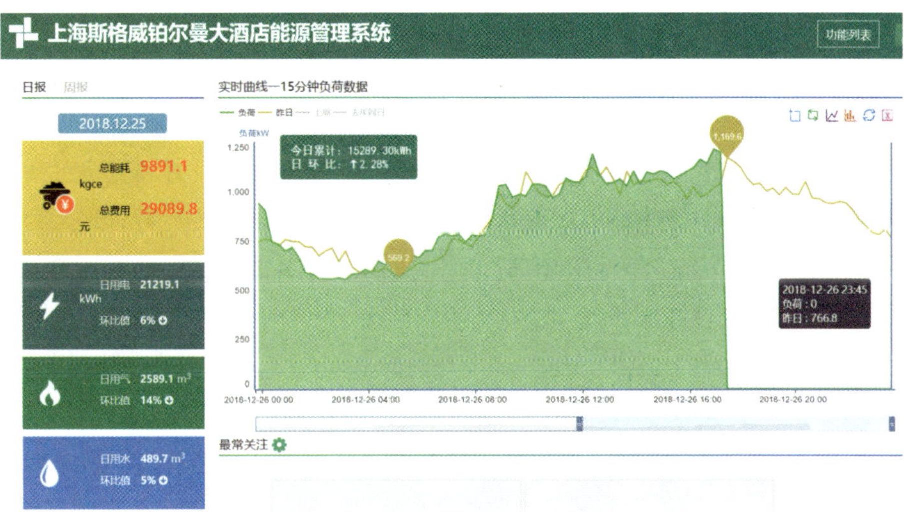

图 2-9 酒店实时监测曲线示意

由工程部承担，如此使用方与考核方统一，更加有利于控制能耗。

（4）分时监测，移峰填谷：通过培训了解了分时电价政策后，酒店利用实时监测功能检查峰时段的用电区域，尽可能转移高峰负荷。

每日异常检查：培养能耗管理人员每天通过平台查看昨日全天所有细分支路的能耗表现，对异常支路进行深度查勘。

对该酒店大楼安装建筑能耗监测管理平台，通过加强运行管理可实现酒店电力部分节能。

2.3 项目合同签订与实施

上海斯格威铂尔曼酒店综合节能改造项目采用的是“节能量分享型”合同能源管理模式，合同于 2012 年 3 月签订，该项目节能效益分享期为 9 年。项目实施进度如表 2-2 所示。

项目实施进度表　　表 2-2

项目启动时间	2012 年 3 月	项目竣工时间	2013 年 7 月
编写设计方案	2012 年 3 月 ~ 2012 年 4 月	完成节能项目设计方案	
编写施工方案	2012 年 5 月 ~ 2012 年 7 月	完成项目施工方案设计、设备采购	
项目施工阶段	2012 年 8 月 ~ 2013 年 5 月	完成空调系统变频改造、生活热水和泳池热水系统改造、照明系统改造、变配电改造及能耗监测系统改造的施工安装，设备的调试与试运行	
项目竣工验收阶段	2013 年 6 月 ~ 2013 年 7 月	项目竣工验收，由第三方机构对项目进行检测	
节能效益分享期	2013 年 8 月 ~ 2022 年 7 月	根据实际产生的节能效益双方按比例分享	

2.4 运行与效果评价

该项目由于采用合同能源管理的节能模式，项目节能效果的好坏直接关系到投资成本的回收和项目盈利的实现，因此，特别重视对项目改造后的运行管理。为此，针对该项目的实际情况，编制了《节能运行手册》以指导节能改造项目的日常运行以及故障、紧急情况的处理。

在改造的具体节能措施中，有一部分节能量相对稳定的节能改造项目（如照明、变配电系统），采用和业主均认可的节能量进行节能效益的分享。

在改造的具体节能措施中，有一部分节能量变化较大的节能改造项目（如中央空调系统、热水系统），则根据实际节能效益进行分享。为最大限度地实现空调系统的节能量，同时保证末端的需求，空调输配系统水泵频率采用温差控制，同时采用压差辅助限定；对于热水系统，通过水温、水位、运行时段的优化，保证末端用水的同时最大限度实现节能效益。

2.4.1 节能效果的评价

该项目依据《上海斯格威铂尔曼大酒店节能改造项目合同能源管理合同》，以及《上海斯格威铂尔曼大酒店节能改造节能量测量及计算方法》进行节能量的测算和节能效益的分享。其中，生活热水和泳池热水系统改造、空调系统变频改造根据节能效益按比例分享；照明系统改造、变配电改造按照固定节能效益进行分享；能耗监测系统作为辅助管理工具，酒店根据平台发现的问题，通过加强运行管理可实现明显的节能效益，但较难量化，因此未进行节能效益分享。

通过一系列节能措施，实际改造后铂尔曼酒店的年能耗较基准能耗节省标准煤1437t，减少碳排量3593t。2011年总能耗折合标准煤5774t，综合节能率为24.9%，达到了预期节能效果（见表2-3）。

年节能量汇总表（按照标准煤计算） 表2-3

节能改造系统		节省天然气（m^3）	节电量（kWh）	节能量（tce）	减少碳排量（t）
空调系统		—	948606	285	711
热水系统	低区生活热水改造	322930	613568	208	521
	游泳池热水改造	105174	199831	68	170
照明系统		—	2405764	722	1804
变配电系统		—	131575	39	99
能耗监测系统		—	383523	115	288
总计		428104	3056069	1437	3593

2.4.2 经济性分析

该合同能源管理项目的总投资额为1533万元，整个项目的效益分享期为9年整。根据与酒店约定的分享比例，投资静态回收期约为3.5年，具有可观的经济效益。

2.5 实施亮点与经验分享

2.5.1 实施亮点

2.5.1.1 通过监测系统加强管理实现运行管理节能

通过能耗监测系统，酒店工程部将不同的用能系统能耗数据统计及分析任务分解到各个班组，采用班组负责制加强对各个用能系统的管理，确保能源的高效利用。

2.5.1.2 变配电系统减容改造

通过配电系统变压器的减容改造和MD值调整，不但降低了变压器的空载和负载能耗，同时减少了配电系统基础电费，具有良好的经济效益。

2.5.1.3 热泵配置和运行优化

优化生活热水和泳池热水方案中热泵制备热水能力和经济性之间的平衡。为了保证热泵具有较好的热水制备能力，同时减少设备的初投资，方案确定的过程中将生活热水热泵由原来的9台调整为6台，将泳池热水热泵由原来的5台调整为3台。

通过运行阶段的优化调整，使热水系统经济效益最大化。利用峰平谷电价差，使热泵尽可能在谷价时制备酒店全天的用水量，从而使热泵热水系统的经济性更加显著。根据冬夏季热水用量的不同，设置不同的热水箱水位，既满足冬季热水需求，又防止夏季制备过多热水。

2.5.2 经验分享

通过本项目节能改造的实施，主要有以下几点经验可以分享：

（1）在项目的前期对项目情况调研得越详实，对后期节能改造方案的制定、节能量的保证越有利，调研内容包括现有设备的使用情况、项目的用能特点等。

（2）在项目实施阶段的采购过程中，需要严格把控所有采购设备（如LED灯具、热泵等）质量，同时约定适当的维保期，避免设备质量问题和维保期过短造成维保成本的大幅增加。

（3）成功的EMC项目，不仅要有详实的调研、切实的方案、严格的施工，更要有后期良好的运行，后期良好完善的运行策略和操作规程对节能量的实现和投资的回收具有极其重要的意义。

该项目通过低区生活热水改造、游泳池热水改造、空调系统变频改造、照明系统改造、变配电系统的减容改造以及能耗监测系统的改造，并通过运行初期的精益调试，制定《节能运行手册》，加强后期运行管理，使得各项节能改造措施均达到节能设计目标，为其他同类节能改造项目树立了典范和标杆，具有良好的经济效益、环境效益和社会示范意义。

3

上海奥林匹克俱乐部

项目外观图

建筑功能：四星级酒店

建筑面积：2 万 m^2

EPC模式：节能效益分享型

技术措施：空调系统改造、热水系统改造、照明系统改造

实施效果：年能耗较基准能耗节省等效电 1089.1kWh，综合节能率为 20.9%

3.1 项目概述

3.1.1 建筑概况

奥林匹克俱乐部为四星级饭店，位于上海市中山南二路，银叶级绿色旅游饭店。该建筑 1988 年 8 月开始投入使用，建筑共 4 层，其中地上 3 层，地下 1 层。建筑屋檐高度为 10m。建筑总面积 2.06 万 m^2。客房区域面积约为 1.1 万 m^2，共有客房 212 间，2010 年入住率为 72%。裙楼区域 1 层，区域面积约为 379m^2，用于办公。车库位于地下室，室内车库面积约为 577m^2。空调冷热源设备及输配系统等位于地下一层，面积约为 500m^2。

奥林匹克俱乐部屋面为珍珠岩保温层，外窗使用中空玻璃，窗框材料为铝合金。

3.1.2 用能系统概况

酒店采用的能源类型主要有电、天然气、柴油，用能系统有供热系统（供暖、热水、蒸汽）、空调系统、照明系统、配电系统等。

3.1.2.1 空调系统

奥林匹克俱乐部冷源为 2 台约克离心式制冷机，单台制冷量为 300RT，冷媒采用 R11（见图 3–1）。设备位于地下一层设备房。供暖时使用 2 台燃油热水锅炉，单台额定制热量为 1.4MW（见图 3–2）。宾馆空调系统为双管制，制冷机及燃油热水锅炉为唯一冷、热源，供应全宾馆。设备运行情况如下：奥林匹克俱乐部空调供冷时间为 5 ~ 10 月，冷水供回水温差基本上处于 2℃左右，离心冷水机组的负荷率基本处于 50% ~ 85%。空调冷水循环系统原采用二次泵系统，但实际一次泵功耗极低，二次泵为满负荷运行。具体参数见表 3–1。

图 3–1　酒店原离心式制冷机

图 3–2　酒店原柴油热水锅炉

空调冷热源设备性能参数表　　表 3–1

名称	台数	额定制冷（热）量	额定功率（kW）
离心式制冷机	2	300Rt	235.60
柴油热水锅炉	2	1.40MW	—

奥林匹克俱乐部空调输配系统为二次泵系统，共有 3 台一次冷水泵，4 台二次冷水泵；冷却水输配系统由 3 台冷却水泵组成；供暖输送泵为 3 台，具体参数见表 3-2。裙楼楼顶装有冷却塔 2 台，风机总功率为 22kW，风机未变频。

空调系统水泵参数表　　表 3-2

名称	台数	扬程（m）	单台流量（m^3/h）	功率（kW）	变频与否
一次冷水泵	3	26	85	15	否
二次冷水泵	4	43	90	22	否
冷却水泵	3	28.60	285	37	否
热水泵	3	26	85	15	否

3.1.2.2　照明部分

奥林匹克俱乐部由于仅为 3 层庭院式建筑，基本无外墙泛光灯，大堂、客房走廊自然采光良好，白天仅保留摄像头要求的最低照明。奥林匹克俱乐部照明光源以荧光灯、节能灯为主体，原有照明中射灯用量不多，且其中部分射灯已经用螺旋节能灯替代，但仍有相当数量的电感式直管荧光灯在使用。灯具参数如表 3-3 所示。

灯具参数表　　表 3-3

安装位置	灯具	原有功率（W）	数量	改造前总功率（W）
玉兰厅	吊灯（白炽灯泡）	40	384	15360
	筒灯	28	122	3416
	射灯	35	48	1680
	射灯	35	93	3255
	云石灯带	28	72	2016
鑫荟园	筒灯	28	80	2240
大堂	筒灯	28	250	7000
车库	1.2m 日光灯	28	40	1120
配电间	1.2m 日光灯	28	10	280
总计	—	—	—	36367

3.1.2.3　厨房部分

燃气消耗全部用于餐饮灶具，灶具种类包含炒灶、矮仔炉、企业大锅灶、海鲜蒸柜以及铸铁单灶、多眼灶等。

3.1.2.4　生活热水部分

生活热水系统供水温度设置为 55℃，平均日热水供应量为 70.5t，最高日供生活热水 86.8t；1h 最高供应量为 8.4t，连续 2h 最高供应量超过 15t。

3.1.3 节能潜力评估

奥林匹克俱乐部消耗能源种类主要为电、天然气、柴油。2010 年，奥林匹克俱乐部消耗电力 2956000kWh，柴油 213.88t，天然气 79988m³，折合等效电 520.3 万 kWh。

以 2010 年为例，各类能源消耗比例分析见图 3–3。从图中可见，电力消耗占建筑总能耗的 68%；天然气消耗量占 8%，用于厨房餐饮；柴油占 24%，用于宾馆生活热水及冬季空调。

对奥林匹克俱乐部主要用能系统进行能耗拆分，其结果如图 3–4 所示。其中所占能耗比例较大的为空调系统、照明系统及生活热水系统。

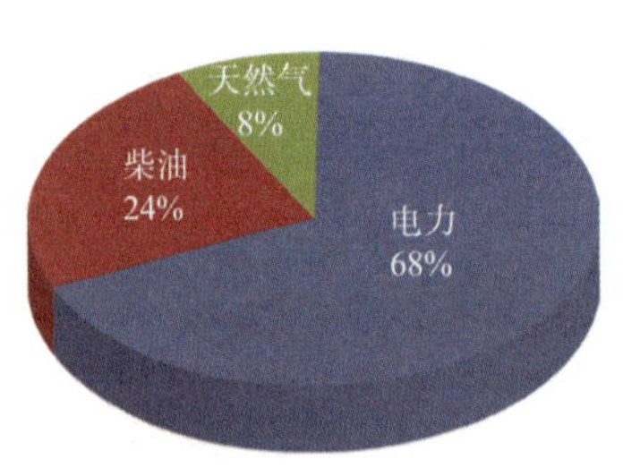

图 3–3 奥林匹克俱乐部 2010 年各类能源消耗比例图

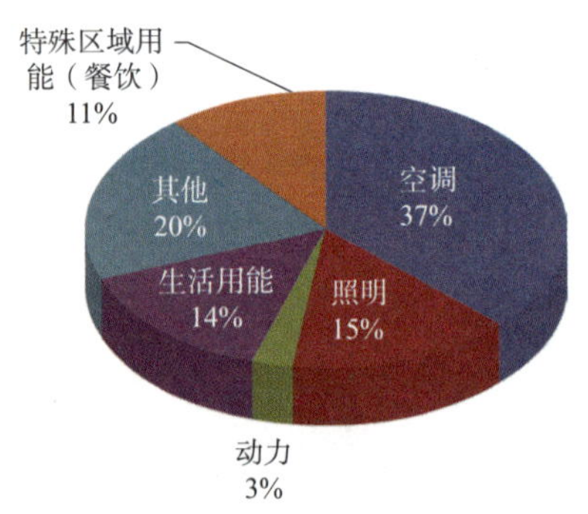

图 3–4 奥林匹克俱乐部主要用能系统耗能比例拆分图

（1）根据图 3–4 所示及实际用能现状，空调耗能占全年总能耗的 37%，比例较大。原离心机组已接近使用寿命，效率衰减严重，且一次冷水泵功耗极低，二次冷水泵都为满负荷运行，存在运行不合理的现象，空调系统节能潜力较大。

（2）宾馆长明灯区域、客房及餐厅目前使用的是传统灯具，而 LED 灯具较传统荧光灯节能 50% 以上，将奥林匹克俱乐部的部分照明灯具进行替换，可以有效降低照明系统能耗。

（3）奥林匹克俱乐部 2010 年餐饮燃气灶具耗气量 79988m³，其中通用炒灶 10 台、矮仔炉 4 台、企业大锅灶 4 台、各种规格蒸柜 6 台均有条件改造成节能灶，存在较大的节能潜力。

（4）目前奥林匹克俱乐部生活热水均由燃油蒸汽锅炉通过板式换热器供给，2010 年柴油消耗量 213.88t。燃油锅炉效率较低，且近年来柴油费用逐年上升，存在较大节能和节省费用空间。

总体而言，宾馆具有较大的节能潜力。

3.2 合同能源管理实施方案的制定

3.2.1 总体方案的制定

鉴于上海奥林匹克俱乐部主要设备系统的运行现状，能耗与运行成本偏高，提出空调、照明、厨房及生活热水系统全面改造方案。将原有效率低，同时存在安全隐患的燃油热水锅炉用其他高效安全的节能设备替换；照明系统采用能源利用率高的技术措施进行改造。

3.2.2 各系统实施方案

3.2.2.1 空调及生活热水系统

置换空调系统原冷热源。废除原有的冷水机组，更换成热源塔空调系统，采用3台螺杆压缩机组（见图3–5），其中一台带全热回收。全面解决夏季制冷和冬季供暖，同时完成生活热水制造，带热回收的机组在夏季制冷期回收热量免费提供生活热水。新增生活热水水箱。在原热水机房，逐步拆除两台热水包，安装新的热水箱。充分利用原有的空调机房和配电设施，提高系统经济效益。在“戊部”屋顶用热源塔替换原有的冷却塔（见图3–6）。采用新型高效水泵，系统为一次泵系统。经改造后，奥林匹克俱乐部原有的柴油锅炉留作备用，并且空调、热水系统智能控制，实现最低能耗经济运行。详见热源塔主机一览表及热源塔系统原理图（见表3–4和图3–7）。

图 3–5 改造后热源塔螺杆机组

图 3–6 改造后热源塔冷却塔

新增热源塔主机一览表 表 3–4

设备名称	用途	数量（台）	单台制冷量（kW）	单台制热量（kW）
辛普森热源塔螺杆机组	供冷 / 供暖	2	556	572
辛普森热源塔热回收螺杆机组	供冷暖 / 生活热水	1	556	572（全热热回收 500）

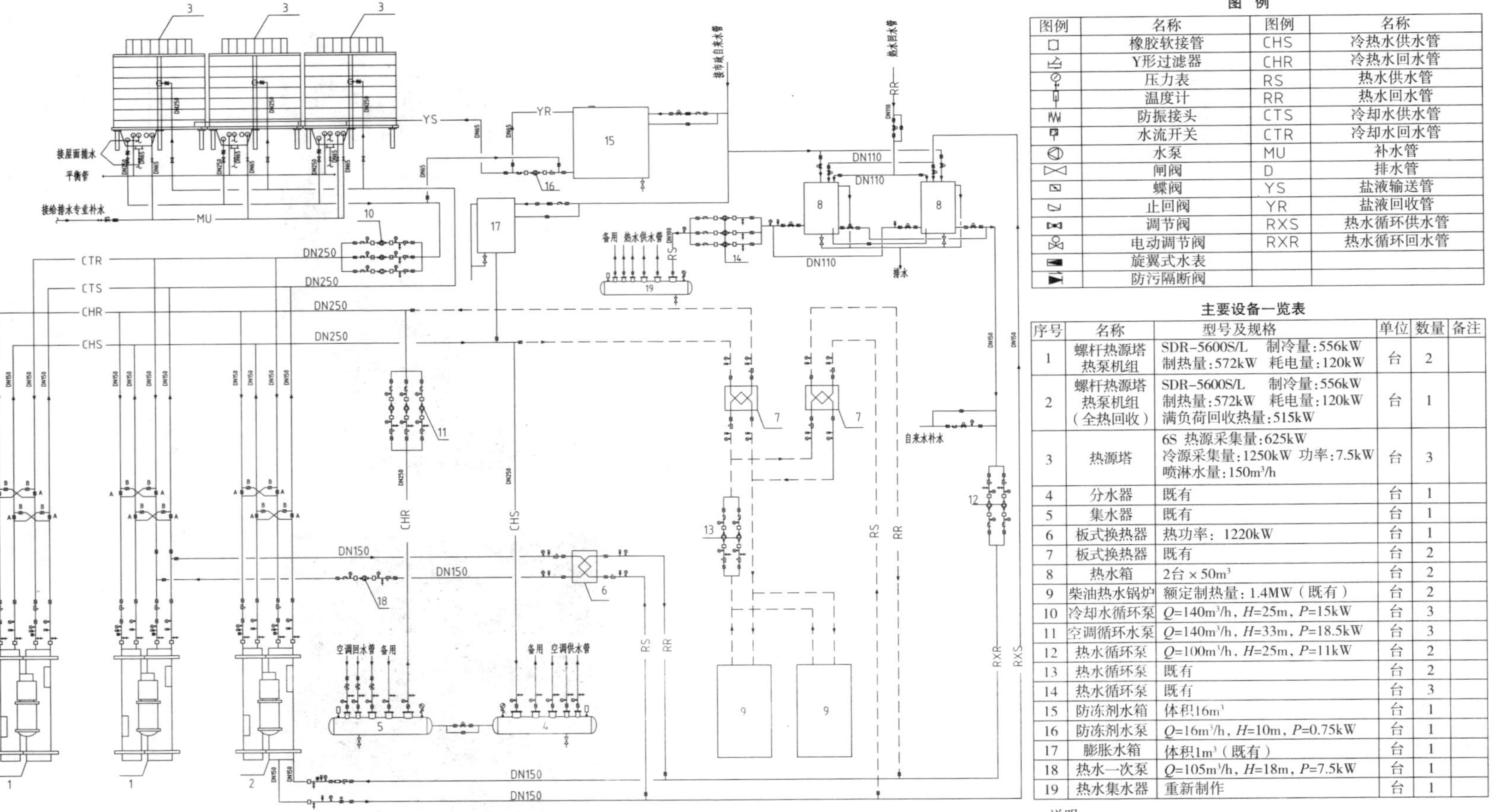

图 例

图例	名称	图例	名称
□	橡胶软接管	CHS	冷热水供水管
	Y形过滤器	CHR	冷热水回水管
	压力表	RS	热水供水管
	温度计	RR	热水回水管
	防振接头	CTS	冷却水供水管
	水流开关	CTR	冷却水回水管
	水泵	MU	补水管
	闸阀	D	排水管
	蝶阀	YS	盐液输送管
	止回阀	YR	盐液回收管
	调节阀	RXS	热水循环供水管
	电动调节阀	RXR	热水循环回水管
	旋翼式水表		
	防污隔断阀		

主要设备一览表

序号	名称	型号及规格	单位	数量	备注
1	螺杆热源塔热泵机组	SDR-5600S/L 制冷量:556kW 制热量:572kW 耗电量:120kW	台	2	
2	螺杆热源塔热泵机组（全热回收）	SDR-5600S/L 制冷量:556kW 制热量:572kW 耗电量:120kW 满负荷回收热量:515kW	台	1	
3	热源塔	6S 热源采集量:625kW 冷源采集量:1250kW 功率:7.5kW 喷淋水量:150m³/h	台	3	
4	分水器	既有	台	1	
5	集水器	既有	台	1	
6	板式换热器	热功率：1220kW	台	1	
7	板式换热器	既有	台	2	
8	热水箱	2台 × 50m³	台	2	
9	柴油热水锅炉	额定制热量：1.4MW（既有）	台	2	
10	冷却水循环泵	Q=140m³/h，H=25m，P=15kW	台	3	
11	空调循环水泵	Q=140m³/h，H=33m，P=18.5kW	台	3	
12	热水循环泵	Q=100m³/h，H=25m，P=11kW	台	2	
13	热水循环泵	既有	台	2	
14	热水循环泵	既有	台	3	
15	防冻剂水箱	体积16m³	台	1	
16	防冻剂水泵	Q=16m³/h，H=10m，P=0.75kW	台	1	
17	膨胀水箱	体积1m³（既有）	台	1	
18	热水一次泵	Q=105m³/h，H=18m，P=7.5kW	台	1	
19	热水集水器	重新制作	台	1	

说明：

1. 虚线为既有工程范围，实线为本工程范围。
2. 图中的符号表示见下例图例。

图 3-7　热源塔系统原理图

3.2.2.2　照明系统

根据酒店工程部提供的资料以及建议，将酒店长明灯区域、客房及餐厅进行分批次、分区域进行 LED 灯源置换。根据表 3-3 进行照明系统改造。被改造灯具改造前总功率为 36.4kW，改造后总功率为 8.6kW，节能率达 76.5%。

3.2.2.3　厨房

根据从厨房了解的用能情况，将耗气量较大且有改造可行性的炒灶、矮仔炉、企业大锅灶及各种规格蒸柜进行更换（见图 3-8）。

图 3-8　改造后燃气蒸汽机图片

3.3　项目合同的签订与实施

上海奥林匹克俱乐部综合改造合同于 2013 年 1 月签订，并于 2014 年 3 月完成空调系统、照明系统、生活热水系统、厨房燃烧器的改造。项目实施进度如表 3-5 所示。

项目实施进度表　　表 3-5

项目启动时间	2012 年 11 月	项目竣工日期	2014 年 7 月
阶段	起止时间	具体内容说明	
空调及热水系统改造	2012 年 11 月 ~ 2013 年 4 月	主机 / 冷却塔及热水系统全部改造为能源塔	
冷水机组增加小球清洗系统	2013 年 5 月 ~ 2013 年 7 月	在每台能源塔螺杆机组加装 BTS 球清洗系统	
照明系统改造	2013 年 6 月 ~ 2014 年 7 月	分期分批对长明灯区域、客房及餐厅置换 LED 灯	
厨房燃烧器改造	2014 年 1 月 ~ 2014 年 3 月	将餐厅传统炉灶更换为新型节能型炉灶	

3.4　运行与效果评价

3.4.1　节能效果的评价

由于 2011 年部分客房进行装修，能耗数据采集受影响，数据难以保证客观性。所以根据改造前奥林匹克俱乐部 2010 年实际用能量进行核算，奥林匹克俱乐部改造前基准能耗折合等效电 5202.65 万 kWh（见表 3-6）。

奥林匹克俱乐部 2010 年逐月能耗　　表 3-6

月份	电（kWh）	天然气（m^3）	柴油（t）	总能耗（等效电万 kWh）
1 月	248000	8482	47.57	681.15
2 月	174000	6540	30.33	458.26

续表

月份	电（kWh）	天然气（m^3）	柴油（t）	总能耗（等效电万 kWh）
3月	190000	3338	31.88	463.51
4月	154000	6839	32	453.48
5月	190000	7910	8	309.19
6月	284000	7521	8	400.41
7月	402000	7415	0	455
8月	448000	3489	8	535.59
9月	334000	7006	0	384.08
10月	186000	6871	8	297.76
11月	152000	6442	8.10	261.48
12月	194000	8135	32	502.74
总计	2956000	79988	213.88	5202.70

奥林匹克俱乐部于2014年完成节能改造，现根据2015年期间天然气账单和电力账单，折算出奥林匹克俱乐部2015年全年能耗为等效电4113.6万kWh（见表3-7）。

奥林匹克俱乐部2015年全年能耗 **表3-7**

月份	能耗	
	天然气（Nm^3）	电力（kWh）
1月	6555	359400
2月	7076	327800
3月	7380	246800
4月	8369	128000
5月	8013	266240
6月	7073	265960
7月	8176	371700
8月	4300	435453
9月	11604	280346
10月	9157	219895
11月	7561	210231
12月	11170	312441
总和	96434	3424266
总能耗（等效电万 kWh）	4113.6	

根据奥林匹克俱乐部改造前后连续12个月的能耗数据，对比如表3-8所示。改造前，俱乐部的能源消耗形式为电、天然气和柴油；改造后，能源消耗形式为电和天然气，节能量1089.1万kWh，综合节能改造节能率为20.9%。

奥林匹克俱乐部改造前后能耗对比　　表 3-8

能源形式	改造前	改造后	节能量	节能率
电（kWh）	2956000	3424266	468266	—
天然气（m^3）	79988	96434	16446	
柴油（t）	213.88	—	213.88	
总能耗（万 kWh 等效电）	5202.70	4113.60	1089.10	20.90%

3.4.2 经济性分析

上海奥林匹克俱乐部改造后不再使用柴油锅炉，生活热水全年的柴油费用全部节省，而风冷热泵在冬季的运行及空气源热泵热水器的全年运行将增加酒店的用电量，所以减少的柴油费用与增加的电费的差值即为全年节省费用。

节费计算中，柴油用量按年平均用量 200t，柴油价格考虑 2011 年平均价格 8500 元 /t；电价采用酒店当时电价 1.05 元 /kWh，改造后增加电费 62 万元 / 年，减少油费 170 万元 / 年，改造后节省费用 108 万元 / 年，如表 3–9 所示。

年节省费用　　表 3-9

项目	热源塔系统
改造后增加电费（万元 / 年）	62
改造后减少油费（万元 / 年）	170
改造后节省费用（万元 / 年）	108

注：冬季热源塔需增加盐 15t 左右，费用约 7.5 万元。

上海奥林匹克俱乐部节能改造合同能源管理项目中，节能服务公司利用自有资金投资 366 万元进行节能改造，项目年节能效益为 108 万元，内部收益率为 18.2%，动态回收期为 3.7 年。项目经济性合理。

3.5 实施亮点与经验分享

3.5.1 实施亮点

3.5.1.1 热源塔技术特点

热源塔热泵系统是一套同时解决建筑物夏季制冷、冬季供暖需求的机组。与冷水机组结合锅炉的方案比较：设备初期投资小、设备利用率高。与空气源热泵比较：热源塔热泵系统避免了空气源热泵室外换热器的结霜问题；夏季，热源塔热泵系统为水冷冷水机组形式，运行效率高于相同工况下空气源热泵系统的运行效率。与（水）地源热泵的方案比较：热源塔热泵系统无需埋管作业。此外，热源塔热泵系统在设备布置和空间占用上和常规的冷水机组结合锅炉相同，适合使用在系统节能改造中。

3.5.1.2 项目创新特点

（1）改造后，奥林匹克俱乐部的空调冷热源及生活热水热源均全部更换为新设备，相对于使用20多年的旧设备，新设备在效率和检修保养上更方便。

（2）本次设备配置依据夏季冷负荷特点，优化配置设备，运行更灵活、更节能。

（3）配置的热回收机组，在夏季回收热量供生活热水使用，达到余热回收，既体现了宾馆节能改造的成果，又节省了夏季热水能耗。

（4）本方案中使用电热水系统替换原有的柴油锅炉热水系统，既提高了设备效率，又降低了因逐年柴油涨价而带来的能源费用支出。

（5）改造后，奥林匹克俱乐部的能源品种由原来的电、燃气、柴油变为电、燃气，省去了柴油的消耗，大大节约能耗费用的支出。

3.5.2 经验分享

近年来，我国建筑行业发展越来越快，为满足人们对建筑的需求，建设规模不断扩大。然而建筑行业造成的巨大能源浪费和带来的环境污染，给我们敲响了警钟。为贯彻国家的可持续发展战略，降低建筑能耗已成为当下建筑行业的当务之急。

热源塔系统是一套同时解决建筑物夏季制冷、冬季供暖需求的机组。与冷水机组结合锅炉的方案相比，设备初期投资小、设备利用率高。夏季，热源塔系统为水冷水机组形式，运行效率高于相同工况下空气源热泵系统的运行效率。此外，在夏季作为空调冷源的同时，可以生产生活热水，对于需要生活热水的项目，如宾馆类建筑有较大优势。同时，热源塔系统在设备布置和空间占用上和常规的冷水机组结合锅炉相同，不会占用建筑较大空间，适合使用于建筑节能改造项目。但由于冬季采用冷却塔加盐溶液开式循环，每年冬季需加盐15t左右，额外增加盐溶液费用约7.5万元，其次盐溶液对管道会产生腐蚀，降低使用寿命。同时盐溶液排放也会对环境造成一定的不利影响，实际应用中应对该部分因素进行充分考虑。

该项目进行了空调系统、热水系统、照明系统及厨房燃烧器改造。空调及热水系统改造采用能源塔冷热源新技术，将既有主机、冷却塔及燃油热水锅炉全部置换成能源塔系统，该系统可以实现制冷、供暖及生活热水三联供。照明系统将长明灯、客房及餐厅更换为LED光源。采用新型“节能灶”替换原有灶具。

根据能源消耗的实际账单，改造前实际能耗为等效电5202.7万kWh，改造完成后奥林匹克俱乐部实际能耗为等效电4113.6万kWh，节能量为等效电1089.1万kWh，节能率为20.9%。节能效果显著。

4

南京金丝利喜来登酒店

》项目外观图《

建筑功能：五星级酒店

建筑面积：7.89 万 m^2

EPC模式：节能效益分享型

技术措施：空调系统改造、热水系统改造、增设能耗监测系统

实施效果：年能耗较基准能耗节省标准煤为 293.87t，减少碳排量 199.45t，综合节能率为 17.08%

4.1 项目概述

4.1.1 建筑概况

南京金丝利喜来登酒店位于南京市汉中路169号，建于1998年。建筑共42层，地下3层，地面总高157.3m，总建筑面积7.89万m^2，有350套客房和1.4万㎡酒店管理型的写字间,属于南京新街口CBD商圈区域。酒店为独栋大厦。建筑由宾馆客房、餐厅、酒吧、健身中心、室内恒温泳池、100m室外内缓跑径、KTV、可容纳300人左右的会议室、办公室、商务办公等功能区组成。其地下一～地下二层为地下停车场，地下三层为设备层，一～六层为酒店裙房，七～十六层为商务办公层，十七～四十层为酒店客房层，四十二层为设备层。

4.1.2 用能系统概况

酒店采用的能源类型主要是电和天然气，用能系统有供热系统（供暖、热水、蒸汽）、空调系统、照明系统、配电系统、能耗监测系统等。

金丝利喜来登酒店空调机房设在地下三层楼、四十二层，共2组机组。该系统夏天由空调机组提供冷源；冬天由酒店自备燃气锅炉提供蒸汽热源，蒸汽通过板式换热器给水加热，热水进入分、集水器后与夏天的冷水采用同一管路输送到各楼层。冷水机组的运行时间为4月底到10月底，燃气锅炉提供蒸汽热源的运行时间为11月初到3月底。空调、动力年总耗电量约为367万kWh，锅炉燃气年总耗量约为103万m^3，两项费用总计超过680万元。

冷水机组控制均为手动控制，如机组的启停，冷水泵、冷却水泵和冷却塔的控制等均为手动控制。设备的运行情况记录及运行参数调整都是现场操作人员手工录入、手动调整。主要设备情况如表4-1所示。

空调系统主要设备清单 **表4-1**

	风机数	风机型号	额定功率（kW）	额定风量（m^3/h）	是否变频	管径	备注
冷却塔1	3	KFT625	5.5	—	否	*DN*250	—
冷却塔2	2	KFT450	5.5	—	否	*DN*250	—
	水泵数	水泵型号	额定功率（kW）	额定流量（m^3/h）	是否变频	管径	备注
冷却水泵1	4	125-100-187	22	350	是	*DN*250	—
冷却水泵2	4	200*2-150-170A	45	450	是	*DN*250	—

续表

	水泵数	水泵型号	额定功率（kW）	额定流量（m³/h）	是否变频	管径	备注
冷水泵 1	4	150-120-190/180A	37	300	是	*DN*250	—
冷水泵 2	4	100-80-169	30	200	是	*DN*250	—
	机组数	机组型号	额定功率（kW）	冷却水流量（t/h）	冷水流量（t/h）	管径	备注
冷水机组 1	3	19XL5152456CR	330	450	333	*DN*250	离心式（开利）
冷水机组 2	1	19XL4141425CM	232	350	212	*DN*250	离心式（开利）
冷水机组 3	4	30HP250	165	200	160	*DN*250	螺杆式（开利）
	水泵数	水泵型号	额定功率（kW）	额定流量（m³/h）	是否变频	管径	备注
供暖循环泵 1	4	—	22	—	—	*DN*150	—
供暖循环泵 2	4	—	22	—	—	*DN*150	—

4.1.3 节能潜力评估

（1）冷却泵、冷水泵、冷却塔风机都是采用工频控制，导致系统不能根据实际的负荷需求进行自动调节，造成能源浪费。

（2）在非工作时间存在较多的风机盘管没有关闭，空调冷 / 热水通过各盘管构成循环，造成大量的能源浪费。

（3）所有新风机组都没有安装电动调节阀，因而在非空调时间冷 / 热水均通过新风机构成循环，浪费大量的能源。

（4）由于以上（1）~（3）项原因使中央空调系统末端无谓消耗的冷负荷过大，导致冷水机组负载过重，浪费大量的能源。

（5）由于以上（2）~（4）项原因，使中央空调大部分管路在非工作时间仍形成水循环，导致冷水泵、冷却泵、热水泵负载过大，浪费大量的能源。

（6）由于以上（2）~（4）项原因，冷却塔负荷过大，冷却塔风机投运过多，浪费大量的能源。

（7）换热器由于年代较长，存在泄漏及热交换效率较低的现象，浪费较为严重。

（8）锅炉排烟温度为 190℃，烟气中含有大量的余热，但是目前都是直接排放到空气中，存在着能源的浪费。

根据酒店用能现状分析，该酒店的中央空调系统及管理等方面均具有节能改造的空间。根据测算，通过一系列节能措施，改造后南京金丝利喜来登酒店的年节能量折合标准煤约 312.72t。

4.2 合同能源管理实施方案的制定

4.2.1 总体方案的制定

对于该酒店的改造，主要思路是从提高能源利用效率、减少不合理用能、加强能源管理入手制定相应的节能方案。

对于中央空调系统采用提高能源利用效率的技术措施，降低能源的消耗；对酒店安装中央空调监管平台系统，加强能源管理以实现节能。因此本方案制定了以下几点改造内容：

（1）采用分布式实时控制网络技术，配置服务器、工作站等硬件设备，配置操作系统、数据库、工控软件等，搭建中央空调自动化运行与节能控制调节系统，实现空调系统的全自动运行和智能化节能调节控制。

（2）对中央空调系统所有的新风机加装电动阀，减少冷、热水在非工作时间的循环，节约能源。

（3）更换风机盘管现有的三速开关为网络化的智能风机盘管控制器，实现：

1）温度远程设置，如夏季为26℃、冬季为20℃，防止办公人员任意设置的温度过低或者过高而浪费大量的能源。

2）在非工作时间关闭风机盘管风机及电磁阀，大量节电且防止冷/热水通过盘管构成循环。

（4）配置进回水温度传感器、压力传感器、压差传感器和DDC控制器，对冷水系统采用自动加减载及智能变频技术进行变流量调节，系统能够根据末端的负荷需求进行自动调节。

（5）配置进回水温度传感器、压力传感器和DDC控制器，对冷却水系统采用自动加减载及智能变频技术，确保循环水泵能够根据回水温度进行自动加减载控制及变频调节。

（6）配置智能控制器对冷却塔风机进行自动化控制，确保系统能够根据机组的需求进行自动开启冷却塔风机的数量。

（7）对冷水机组配置接口通信板进行系统集成，实时监测机组的运行状况，实现系统的季节转换、启停、模式设定、参数设定等远程操作；实现根据末端空调的需求进行加减载控制。

（8）更换原有的管壳式换热器为板式换热器，提高热转换效率及减少泄漏的发生。

（9）配置锅炉烟气余热回收装置对锅炉烟气的余热进行回收，回收的热水供锅炉、餐饮及洗衣房使用，降低燃气的消耗。

（10）配置智能化多功能计量表计，完善中央空调系统的能耗监测和计量，实现中央空调系统的用能分类、分项计量监测和电能质量监测。通过在水、电、气进户端加装表计，实现对空调系统用能的计量、监测、用能统计与分析。

4.2.2 各系统实施方案

4.2.2.1 冷水机组自动化节能控制与调节

利用先进的分布式网络控制技术，对冷水机组、循环泵、冷却塔等进行自动化管理和控制，在提高酒店舒适度的前提下实现最大化的节能，降低空调系统的能耗。节能控制原理如图 4–1 所示。

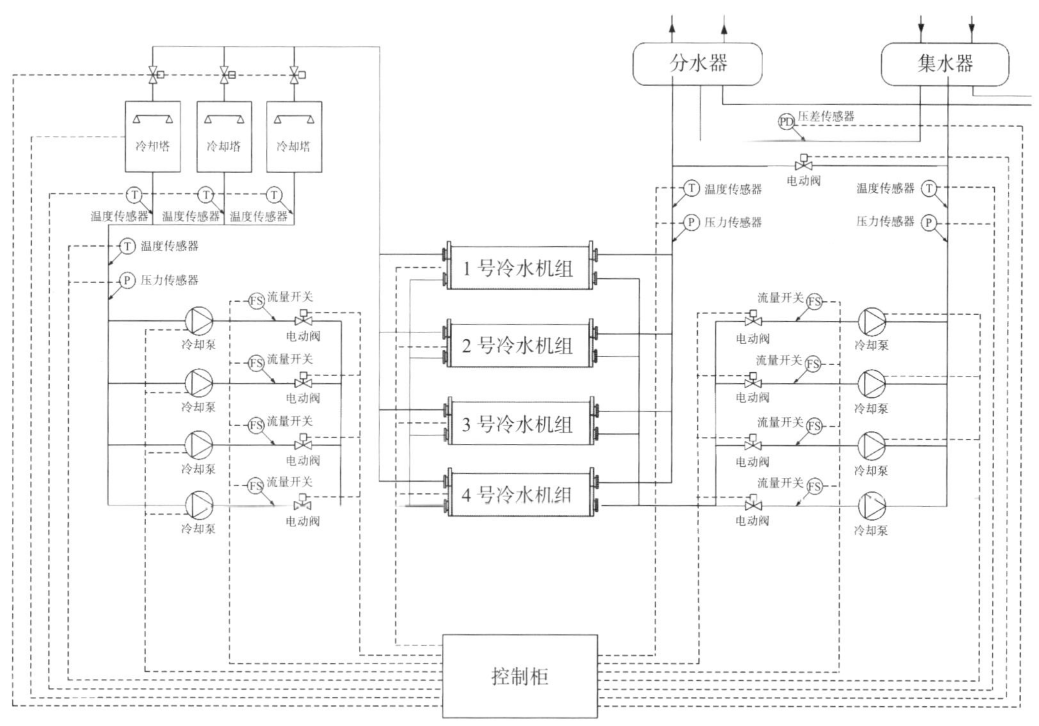

图 4–1 中央空调节能控制原理图

（1）系统通过网关与冷水机组连接，通过网关读取冷水机组运行数据和对冷水机组进行控制。系统对冷水机组只进行开关机控制，冷水机组之间的联动、根据负荷加载、减载、压缩机变频、保护由冷水机组自动实现。

（2）在冷水机组冷水（热水）供、回水总管上安装温度传感器和压力传感器，以便采集冷水供、回水温度及压力数据。在冷却塔出水总管安装温度、压力传感器，以便采集冷却水温度和压力数据。

（3）系统在保证冷水主机设置的上下限参数的同时（有冲突时优先利用制冷主机自控参数），根据以上温度、流量及压力数据，采用调节和变频技术，通过配置的变频器，在保证冷水机组最低需要流量的情况下，分别对冷水循环水泵、冷却循环水泵进行变频控制。

（4）系统对每台冷水机组用电进行单独计量，对电参数进行监测。

（5）冷水机组：冷水机组之间的联动、根据负荷加载、减载、压缩机变频、保护由冷水机组自带的自动控制系统实现。系统通过智能接口与冷水机组连接，读取冷水机的运行参数。

（6）冷水泵：对冷水泵在地下三层、四十二层各配置一台一控四智能变频控制柜。

1）系统根据供、回水管压差（PID 调节）决定水泵开启台数和变频。先开启运营时间短的水泵。

2）加载水泵时，先启动 1 台，当第 1 台水泵变频到工频还达不到要求时，第 1 台切换到工频工作，变频器切换到第 2 台，第 2 台变频工作。

3）减载水泵：当变频水泵频率降到 35Hz（可设）时还达不到要求，关 1 台水泵，同时变频水泵增加频率。

4）减载水泵时，如果流量接近冷水机组保证运营的最小流量时，压差仍过大，通过控制旁通阀开度，以保证主机最低流量和压差。

（7）冷却水泵、冷却塔风机：对冷却水泵在地下三层、四十二层各配置一台一控四智能变频控制柜。冷却塔风机在地下三层配置一控三智能变频柜、在四十二层配置一控二智能变频柜。

1）一般情况下，冷却水泵与冷却塔、风机对应开启。特殊情况下，可切换。

2）当变频水泵到达工频，且出水温度高于 36℃时（可设置，一般为 37℃，适当降低温度有利节能），启动第 2 台水泵，水泵台数和变频方式同冷水泵。

3）当冷却水回水温度高于 30℃时（可设置，一般为 32℃，适当降低温度有利节能），逐台开启风机，直到风机全开。当温度低于设置温度时逐台关闭风机。

4）冷却水不能低于机组低冷媒停机温度（一般小于 25℃）。

（8）系统可设置时间延迟或参照量控制的区间范围，防止机组的频繁启停。

1）压差控制：在冷水 / 热水供、回水总管配置压力传感器，以检测冷水 / 热水供、回水压差数据，作为冷水 / 热水循环水泵变频器控制依据。

2）水流监测：冷水泵启动后，通过水流开关 FS 监测状态，流量太小甚至断流，则自动报警并自动停止相应的冷水机组运行。

4.2.2.2 新风机组自动化节能控制与调节

新风机组智能控制柜通过 LonWorks 双绞线通信接口，利用双绞线接入系统中心网络。通过风门、水阀、风机的动态调节控制，实现满足新风需求的最小新风量供给，改善室内空气质量，补充足够的新风，从而降低新风的处理能耗和输送能耗，并且大幅降低空调系统的总能耗。新风机组节能控制原理如图 4–2 所示。

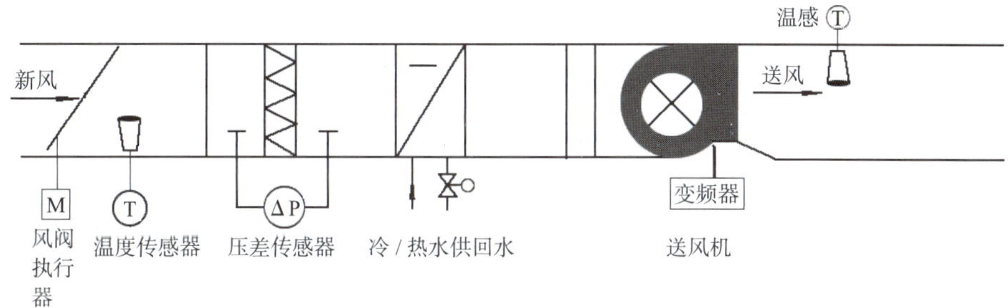

图 4-2 新风机组节能控制原理图

4.2.2.3 风机盘管节能控制

采用基于 LonWorks 控制网络技术的风机盘管智能控制器，既可实现对室内温度的精确控制、对风机转速控制和对风机盘管回水管电磁阀的开关控制，并采用 LonWorks 电力线载波通信接口，利用电力线作为通信媒介接入网络控制器。通过中央控制室亦可对每个室内温控器温度设定操作进行干预。风机盘管节能控制原理如图 4-3 所示。

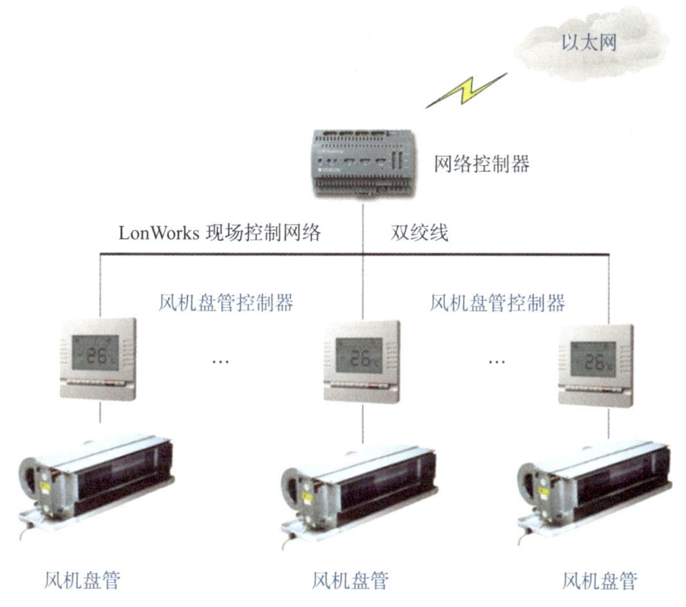

图 4-3 风机盘管节能控制原理图

4.2.2.4 换热器节能控制

在板式换热器的进、回水管处加装电动三通阀，管壳式换热器的回水管路上增加电动两通阀。根据设定的供水温度，当流过换热器的水流发生变化时，自动调整蒸汽线性调节阀，使其供水的温度控制在设定值。换热器系统图如图 4-4 所示。

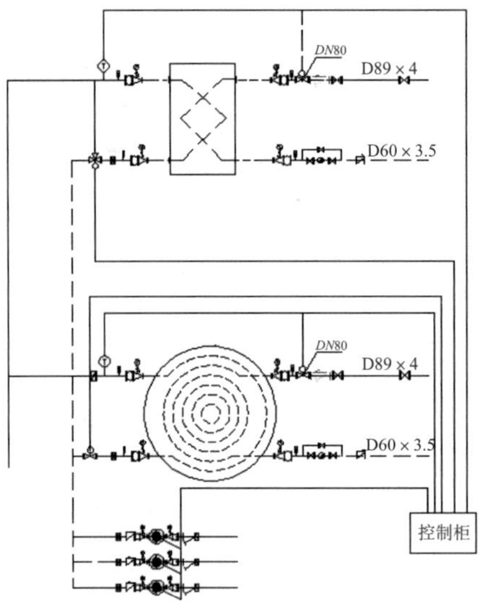

图 4-4 换热器系统图

4.3 项目合同的签订与实施

南京金丝利喜来登酒店中央空调系统节能改造项目采用的是“节能量分享型”合同能源管理模式，合同于 2015 年 11 月签订，该项目节能效益分享期为 5 年。项目实施进度如表 4–2 所示。

项目实施进度表　　表 4-2

项目开工时间	2015 年 11 月	项目竣工时间	2016 年 9 月
编写设计方案	2015 年 9 月 ~ 2015 年 10 月	完成节能项目设计方案	
编写施工方案	2015 年 10 月 ~ 2015 年 11 月	完成项目施工方案设计、设备采购	
项目施工阶段	2015 年 11 月 ~ 2016 年 8 月	完成空调冷、热源改造的施工、安装，设备的调试与试运行	
项目竣工验收阶段	2016 年 9 月 ~ 2016 年 10 月	项目竣工验收，并由第三方机构对项目设备进行检测	
节能效益分享期	2017 年 1 月 ~ 2021 年 12 月	根据实际产生的节能效益双方按比例分享	

4.4 运行与效果评价

项目自 2016 年初建设完成以后，完全放弃了人工每日定时抄收能耗数据的管理模式，由系统自动采集、存储中央空调系统相关的电、气、热、水等能耗数据，使数据的完整性、准确性、连续性得到极大的提高。

夏季中央空调运行，以往需要人工到空调主机、循环水泵、冷却塔、各楼层新风机房进行设备的手工开启和关停。现在只需要值班人员在工控机操作，实现了整个中央空调系统运行的一键自动启停。平时每天定时的设备巡检也由计算机自动完成，设备运行参数及运行工况在计算机屏幕实时显示，一旦出现问题还有声光报警提示。

通过对中央空调的水循环系统配置相关传感器，冷水机组的冷水循环泵、冷却水泵、冷却塔的风机在空调系统的运行过程中实现了全自动变频调节。此外，分、集水器之间增加旁通调节，系统自动根据恒温差、恒压差、大温差小流量等设定节能运行策略对空调系统进行调节。

通过配置温湿度传感器，在系统软件上设置运行温度，实现对建筑内的空调机组、新风机组的风机进行变频调节，对表冷器的水阀、机组的风阀进行自动化调节，在满足现场舒适性的同时，降低空调系统的能源消耗。

冬季供暖季节，系统自动对供暖系统换热器的一次端蒸汽进行线性调节，通过在回水管配置温度传感器，实现对热水循环泵进行变频 PID 调节及换热器的加减载控制，使其根据末端的用能需求进行输出负荷的控制，实现了有效节能。

此外，锅炉烟气余热回收装置的使用，使高温烟气的热量得到充分利用。装置吸收热量后的热水除了供给酒店的餐饮部和洗衣房使用外，多余热水还自动补给到锅炉供水箱，减少锅炉燃气的消耗。

通过近一年的系统运行发现，大幅度减少了空调系统的能耗浪费，减少了大量的电能消耗，减少了大量的锅炉燃气消耗，并在一定程度上减少了用水量。此外，稳定可靠的系统使传统的人工管理模式被完全替代，极大地提高了工作效率和工作质量，减少了人员费用的支出。

4.4.1 节能效果的评价

（1）用能计量监测及能耗统计

从系统软件统计报表可看出见图 4-5，2016 年度空调总用电 198.8 万 kWh，动力用电 98.84 万 kWh，合计 297.64 万 kWh。

（2）中央空调水泵变频曲线验证

从循环水泵的运行频率曲线可看出（见图 4-6），四十二层水泵运行频率基本保持在 35Hz，地下三层水泵运行频率基本保持在 40Hz 左右。

（3）烟气温度曲线验证

从烟气余热回收装置的温度监测参数可看出（见图 4-7），未进行热交换前烟气温度基本保持在 190℃左右，热交换后排烟温度下降到 120℃左右，烟气余热得到有效利用。

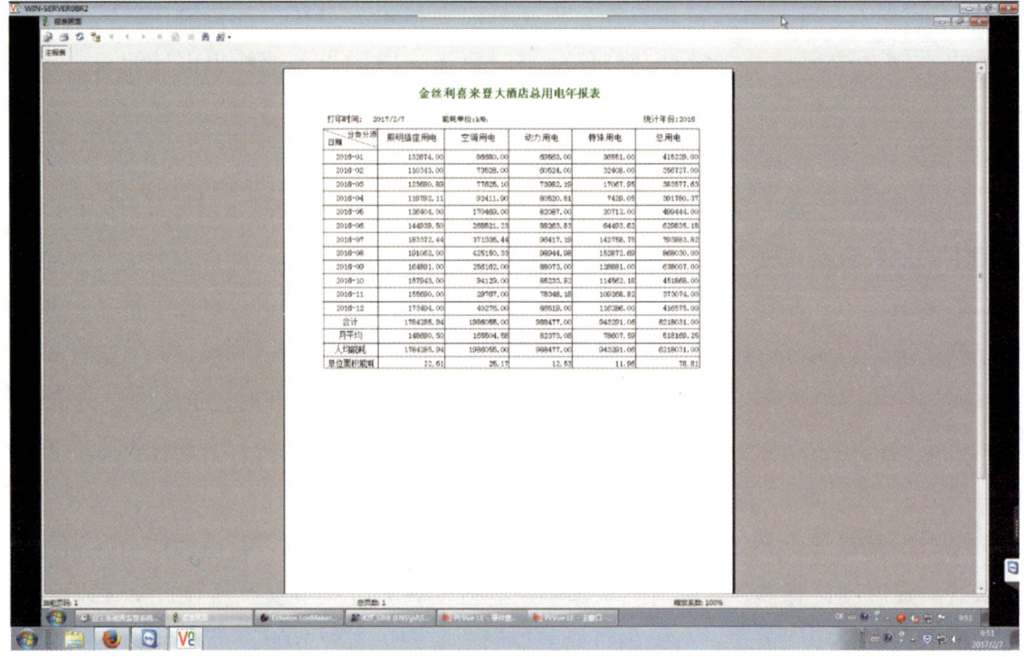

金丝利喜来登大酒店总用电年报表

打印时间：2017/2/7　　能耗单位:kWh　　统计年份:2016

分类分项 / 日期	照明插座用电	空调用电	动力用电	特殊用电	总用电
2016-01	132674.00	86680.00	69563.00	36551.00	415229.00
2016-02	110343.00	73628.00	60624.00	32408.00	356727.00
2016-03	125680.89	77626.10	73082.19	17067.95	383577.63
2016-04	119792.11	92411.90	80520.81	7429.05	391780.37
2016-05	126404.00	170469.00	82087.00	20712.00	499444.00
2016-06	144939.50	268521.23	88263.83	64493.62	629835.18
2016-07	183372.44	371336.44	96417.19	142768.75	793883.82
2016-08	191062.00	425150.33	98944.98	152872.69	868030.00
2016-09	164891.00	256162.00	88073.00	128881.00	638007.00
2016-10	157943.00	94129.00	86233.82	114562.18	451868.00
2016-11	155690.00	29767.00	78348.18	109268.82	373074.00
2016-12	173494.00	49276.00	86519.00	116386.00	416575.00
合计	1784285.94	1988068.00	988477.00	945291.06	6218031.00
月平均	148690.50	165504.68	82373.08	78607.59	518169.25
人均能耗	1784285.94	1988068.00	988477.00	945291.06	6218031.00
单位面积能耗	22.61	25.17	12.53	11.96	78.81

图 4-5　用能计量监测及能耗统计

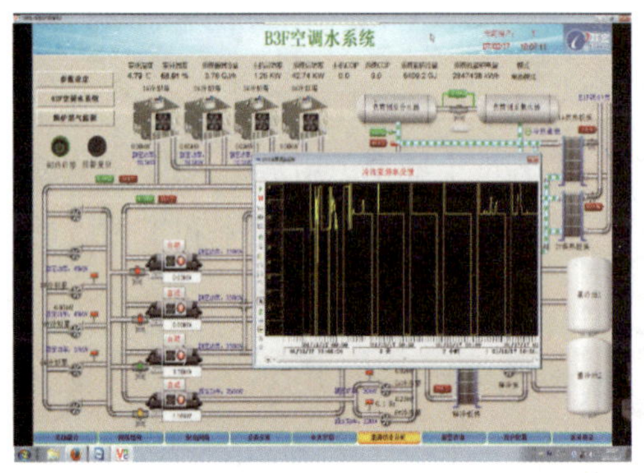

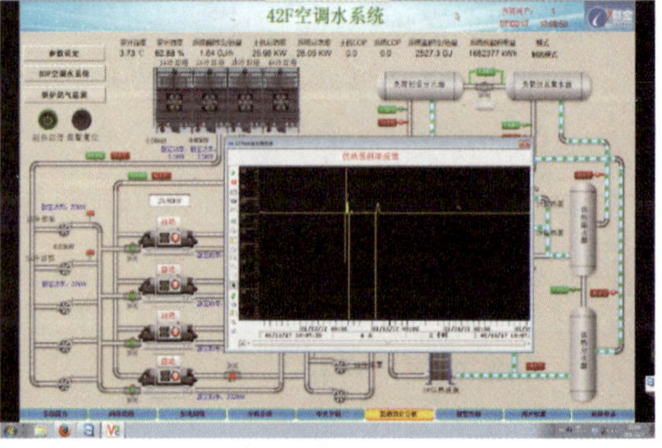

图 4-6　水泵变频曲线

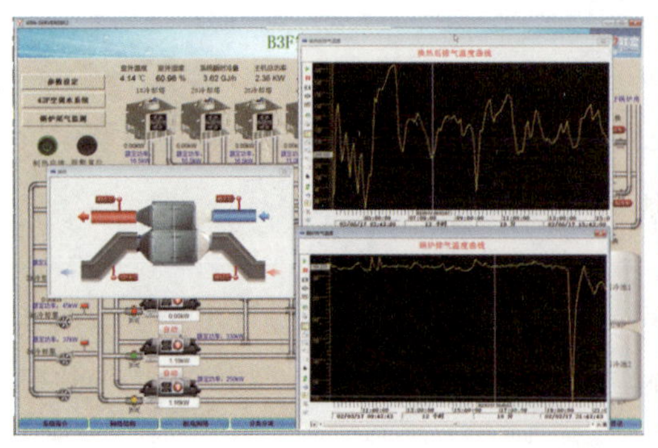

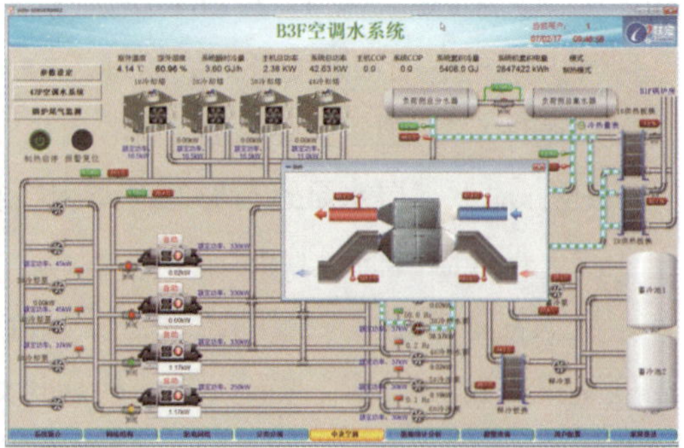

图 4-7　烟气温度曲线

通过一系列节能措施，改造后金丝利喜来登酒店的年能耗较基准能耗节省标准煤293.87t，减少碳排量 199.45t。2016 年总能耗为折合标准煤 1720.08t，综合节能率为17.08%，达到了预期节能效果（见表 4–3）。

年节能量汇总表（按照标煤计算） 表 4–3

节能改造系统	节省天然气（m^3）	节电量（kWh）	节能量（tce）	减少排量（t）	节水量（t）
中央空调系统	171199	691900	312.72	212.24	11020
总计	171199	691900	312.72	212.24	11020

4.4.2 经济性分析

以 2016 年度能耗数据为例：

（1）用电单价为 0.867 元 /kWh，电能量节约 691900kWh，节约费用 599877.3 元 。

（2）锅炉燃气单价为 3.52 元 /m^3，燃气量节约 171199m^3，节约费用 611180.43 元。

（3）自来水单价为 3.45 元 /t，自来水节约 11020t，节约费用 38019 元。

合计年总节约费用 1249076.73 元。

按照系统总投资金额 571.82 万元计算，投资回收期为 4.58 年。

4.5 实施亮点与经验分享

4.5.1 实施亮点

该项目改造过程中的亮点有以下几点：

（1）采用系统化的节能控制调节技术（见图 4–8），通过空调主机、冷水系统、冷却水系统、空调末端环节的系统取锁控制与调节，实现中央空调系统的运行工况最佳化和节能率的最大化。

（2）通过对末端设备的按需控制，实现末端负荷的降低（见图 4–9）；末端负荷的降低引起冷水循环输冷量的下降，进而降低冷水泵的用电量；冷水循环输冷量的下降又导致与之相应的冷水机组制冷量下降；冷水机组制冷量下降引起冷却水循环输冷量的下降，进而降低冷却水泵用电量；冷却水循环输冷量的下降造成冷却塔风机负荷的下降，进而造成冷却塔风机用电量下降。

（3）锅炉烟气余热回收，有效利用能源（见图 4–10）。在降低酒店能源消耗的同时也为环保事业出了一份力。

（4）水泵电机、板式换热器等机电设备的更换，实现能效大幅度提升（见图 4–11和图 4–12）。对酒店的板式换热器进行自动加减载控制、热水循环泵的台数控制及变频调节，实现热交换器的输出工况和末端的用能负荷相一致。

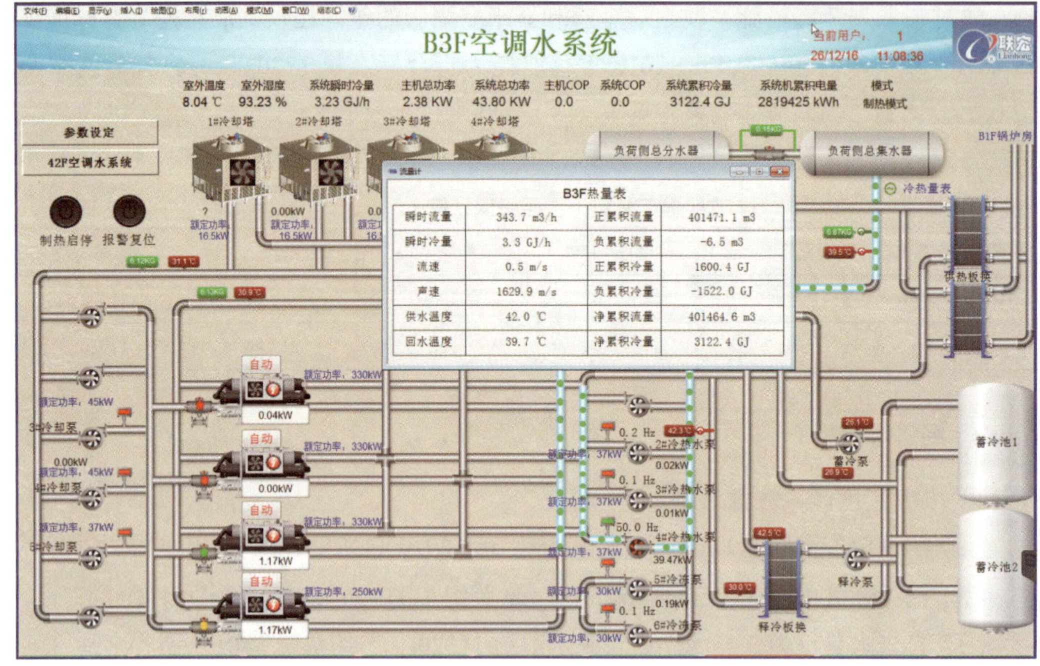

图 4-8　空调水系统

图 4-9　空调水系统控制柜

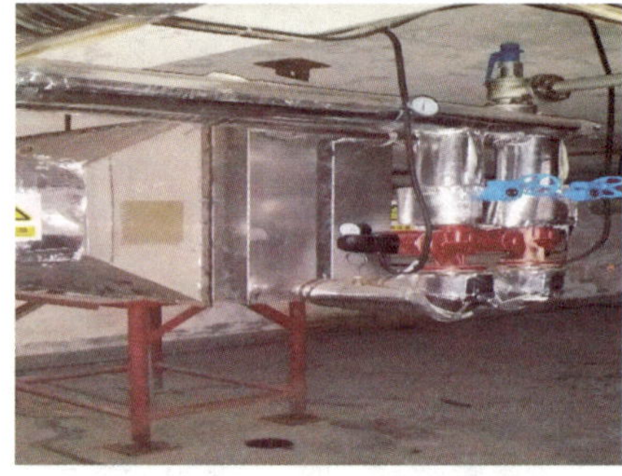

图 4-10　锅炉烟气余热回收

图 4-11　循环水泵

图 4-12　空调板式换热器

（5）实时监测空调各环节的能耗数据、能效数据，可通过报表、曲线、图表等形式进行实时及历史数据的统计与分析，寻找节能潜力点，优化节能控制策略，验证节能控制效果。

（6）通过中央空调系统的全自动运行和实时安全报警监测，在降低能源消耗的基础上可有效改善酒店的舒适度，减少人力资源的投入。

4.5.2 经验分享

通过南京金丝利喜来登酒店中央空调节能改造项目的实施，得出以下几点体会：

（1）中央空调系统能耗量大，具有较大节能空间。

（2）通过空调末端、冷水、冷却水、冷水机组、换热器等设备全过程联锁自动化控制与调节可大幅度减少空调能耗。

（3）老旧水泵、换热器等机电设备的更新升级有助于节能率的进一步提升。

（4）高温烟气的余热回收也是节能的一个重要环节。

（5）配电网络的电能质量监测和优化有助于用能设备能效的提升。

（6）成功的 EMC 项目，不仅要有翔实的调研、切实的方案、严格的施工，更要有后期良好的运行。良好完善的运行策略和操作规程对节能量的实现和投资的回收具有极其重要的意义。

该项目所建设的全自动化能效监测和中央空调系统化节能控制调节系统，在有效保障系统安全、提高用电设备使用寿命的前提下大大减少了设备运行管理人员的劳动量和强度，为客户创造了更多的价值。各项节能改造措施均达到节能设计目标，为其他同类节能改造项目树立了典范和标杆，具有良好的经济效益、环境效益和社会示范意义。

5

扬州玉蜻蜓雅致酒店

》》 项目外观图 《《

建筑功能：四星级酒店

建筑面积：2.1 万 m^2

EPC模式：节能效益分享型

技术措施：空调循环系统和供热锅炉改造、生活热水系统改造、供水系统渗漏排查和直供水改造、照明系统改造、蒸汽供应系统优化、局部窗户加设中空节能窗和可调遮阳棚、增设能耗监测系统

实施效果：年能耗较基准能耗节省标准煤 361t，综合节能率为 29.21%

5.1 项目概述

5.1.1 建筑概况

扬州玉蜻蜓雅致酒店位于扬州市汶河北路42号的蓝天大厦，建筑主楼7层，副楼6层，主副楼均设有地下一层但互不相通，其中锅炉等设施位于副楼地下室，空调等设施位于主楼地下室。酒店建成于1996年，围护结构无保温隔热措施。2015年由江苏丰彩节能科技有限公司采用合同能源管理模式进行节能改造。

酒店建筑总面积约为2.1万m^2，酒店经营区约1.8万m^2，其中餐饮服务面积0.3万m^2。共设有客房116间，另有多功能厅、会议室、洽谈室若干。

5.1.2 用能系统概况

酒店的能源类型主要有电和天然气，用能系统有供热系统（供暖、热水、蒸汽）、空调系统、照明系统等。

5.1.2.1 供热系统

酒店采用集中式中央空调系统，热源为2台燃气蒸汽锅炉，单台蒸发量为2.0t/h，由原燃油蒸汽锅炉改造而来，现为酒店客房生活热水、冬季空调、酒店厨房及洗衣房提供蒸汽。该燃气蒸汽锅炉和空调供暖板式换热器位于副楼地下室，生活热水换热系统和空调循环泵位于主楼地下室，共设置了3个3t贮存浮动管式换热器，生活热水箱设于顶楼，共2个14t的水箱串联，一个为供水水箱，一个为回水水箱。

5.1.2.2 空调系统

空调冷源是2台离心式冷水机组，单台制冷量为1055kW；酒店空调系统冷却塔位于主楼六层，冷水泵（设计流量181m^3/h，扬程32m，功率30kW，实际配套电机45kW）、冷却水泵（设计流量240m^3/h，扬程41m，功率30kW，实际配套电机45kW）为1995年的卧式离心泵，已使用近20年，均为两用一备。空调冷源主要设备如表5-1和图5-1所示。

图5-1 制冷机房设备及锅炉房

空调系统主要设备清单　　表 5-1

序号	设备	位置	功率（kW）	数量（台）	备注
1	制冷主机	主楼地下一层	1055	2	开利离心机
2	冷水泵	主楼地下一层	45	2	设计 30 kW
3	冷却水泵	主楼地下一层	45	2	设计 30 kW

5.1.2.3　照明系统

本次涉及改造的酒店照明光源共 5000 余套，光源类型为 MR16 卤素射灯、螺旋或 U 型节能灯、白炽灯、T5 日光灯带、T8 荧光灯（见表 5-2）。

照明系统设备清单　　表 5-2

序号	灯具类型	现有灯具功率（W）	LED 替换品	灯具功率（W）	灯具数量（只）
1	1200 荧光灯	28 ~ 44	1200 管灯	14 ~ 18	1800
2	600 荧光灯	14 ~ 26	600 管灯	7 ~ 9	500
3	25 瓦球灯	25	3 瓦球灯	3	500
4	35 瓦射灯	35	3 ~ 7 瓦射灯	3 ~ 7	1000
5	筒灯	7 ~ 13	3 ~ 5 瓦筒灯	3 ~ 5	1000
6	其他异形灯	—	保持照度替换	—	200

5.1.2.4　变配电系统

玉蜻蜓酒店原有供电系统为两路供电，配电机房位于酒店地下层，配置 2 × 1000kVA 变压器，并自备柴油发电设备。

5.1.2.5　能耗监测系统

除了已安装的水、电、气总表外，在部分涉及部门考核（主要分为餐饮和客房两区）使用电能的设备上安装了计量电表，对整体的空调、照明系统等的电能消耗有一定的统计考核，但由于数据粗略，无法做出详细的统计和相应的分析，电能的管理节能和行为节能还完全依赖人员的经验和设备使用习惯。

5.1.3　节能潜力评估

从整体能耗水平看，建筑用能改进空间体现在照明、生活热水和蒸汽供应方面。其中生活热水和蒸汽供应能耗主要因为现有蒸汽系统的设备老旧，运行模式不合理和管道损耗偏大导致。

综合项目运营实际需求和节能效益评估，在对酒店进行全面的现场调研、测试、诊断分析的基础上，判断酒店存在的节能潜力如下：

（1）该酒店生活热水和供暖系统采用燃气蒸汽，能源利用效率相对较低，且生活热水、蒸汽和洗衣房等区域的输送损耗偏大，宜尽快停用现有的老旧蒸汽锅炉。

（2）中央空调的主机如更换需进行地下室的破拆，暂不具备更换条件；输配系统设备选型不合理，存在较大的用能优化空间。

（3）照明系统灯具仍然采用传统灯具，能源利用效率较低。

（4）酒店用水量较同类酒店偏高，存在管道漏损的可能。

（5）建筑窗户为单玻铝合金窗，无遮阳措施，热工性能较差，空调耗能高且影响室内舒适度。

（6）能耗监测方面，能耗计量不全面，无法对酒店用能进行全面把握和有效管理。

总体而言，技术改造和运行管理等方面均具有较大的节能空间。

5.2 合同能源管理实施方案的制定

5.2.1 总体方案的制定

对于该酒店的改造，主要思路是从提高能源利用效率、加强能源管理入手制定相应的节能方案。

对于中央空调系统、热水系统、照明系统主要采用提高能源利用效率的技术措施，降低能源的消耗，并合理利用可再生能源；针对现有蒸汽管路管损过大的缺陷，采用空气源热泵结合太阳能模式替代现有蒸汽盘管换热制取热水；对现有蒸汽供应需求进行优化，冬季供暖采用冷凝无压热水锅炉，厨房蒸汽设备改为蒸汽燃气两用设备，采用小型燃气蒸汽发生器直接满足洗衣房蒸汽日常需求；部分区域（酒店南向、西向客房和西侧餐饮区）加装中空窗和可调遮阳棚；对疑似渗漏或保温失效的管道进行排查，对酒店安装能耗监测系统，进一步加强节能管理。

5.2.2 各系统实施方案

5.2.2.1 蒸汽供应系统

由于取消了冬季供暖需求和生活热水的蒸汽需求，在现有副楼地下一层的锅炉房安装 0.1t 高效燃气蒸汽发生器 5 台（见图 5–2），并重新架设蒸汽管道送往厨房（副楼二层）和洗衣房，并结合实际需求调整蒸汽使用时间段，提高能源和设备利用率。同时，将相关厨房设备更换为蒸汽和燃气双效型设备。

在洗衣房内安装 2P 小型热泵热水器一台，吸取空气中的热量产生 50 ~ 55℃的热水给洗衣机用（原先由蒸汽直接加热自来水），在实现余热利用的同时降低了洗衣机的蒸汽需求，而且有助于改善工作环境。

通过阶梯组合蒸汽发生器的供汽压力设置，整体的燃气使用数据明显平均每月可节约燃气 4000m^3 以上，全年可节约 5 万 m^3 燃气。

图 5-2　燃气蒸汽发生器和洗衣房内热回收空气源热泵

5.2.2.2　热水系统

该项目采用集热面积为 300m^2 的太阳能热水（58 × 1800 集热管），结合空气源热泵（3 台 10P 空气源热泵）模式满足现有的日常生活热水需求（见图 5-3），并将富裕用水供应酒店临近的足道和浴场。

图 5-3　太阳能集热器及热水箱

通过将现有两个串联的 14t 水箱分别调整为集热水箱和蓄热水箱，降低同期热水持有量，并对目前热水箱进行橡塑外保温修复，减少了热损。此外，结合热水锅炉供水需求，将原有一台内部蒸汽管路破损的换热器内部蒸汽管路拆除，用作新增热水锅炉对生活热水的加热容器，充分利用现有设备和空间，开展废弃设备再利用，得到了业主的认可。

改造后生活热水年节电量为酒店每年节约燃气 6 万 m^3，但用电增加约 3 万 kWh，与测算的燃气节约量和用电量基本一致。

5.2.2.3　空调系统

在保留现有主机夏季制冷和取消老旧蒸汽燃气锅炉使用的目标下，热水锅炉成了解决冬季供暖的主要途径，考量热泵和太阳能系统在冬季供热能力的不确定性，热水锅炉还将承担极端情况下生活热水的补足。

通过调研对比，选取了集板式换热系统与锅炉一体的冷凝无压燃气锅炉设备，分别承担空调热水负荷 1100kW 和生活热水负荷 300kW，同时保留了一台蒸汽锅炉冬季供暖备用（见图 5-4）。

图 5-4　制冷机房设备及锅炉房

原有循环系统的冷水泵与冷却水泵均存在选型不当的问题，表现为功率高且水泵扬程不匹配，且水泵无变频控制。经测算，更换为 30kW 的冷水泵和冷却水泵各一台，替代现有的 45kW 的泵，同时对冷水泵进行温差变频控制，从而降低输送能耗。

此外，原有管道保温为玻璃棉，目前含水率较高，沿管路多处有滴水现象。现对保温层进行清理，整体管道进行防锈处理后加设橡塑保温层，同时对管道内部进行清理。

改造后空调系统年节电量为 11 万 kWh，冬季燃气需求拆分后也下降了约 2 万 m^3。在节电方面，低于预期的节电 14 万 kWh 和 3.1 万 m^3 燃气，主要原因是改造后酒店空调保障率较以前提高，使用时间延长。

5.2.2.4　照明系统

结合照明设备老旧更新的需求，在保障照度和照明效果的前提下，将原有的普通节能灯、卤素射灯及部分白炽灯全部进行 LED 灯具改造；将楼道灯等区域的照明灯具改为声控，进一步降低照明能耗。

为更好地满足酒店精致餐饮主打要求，通过对各品牌灯具样品在同类包间内试用对比，由酒店方最后选定相应品牌，在满足餐饮照明效果的同时，最大化地实现酒店节能减排、绿色照明的需要。

对照同期照明习惯和照明用能统计数据，照明改造后全年可节约用电 36 万 kWh 以上。

5.2.2.5　围护结构

从合同能源管理的角度，围护结构节能改造的直接经济效益较低。经协商，综合项目实际室内舒适度需求和节能效益情况，只进行局部区域的适当改造。

（1）对二层餐饮区和三层部分区域的西侧窗户安装可调节遮阳棚，减少西晒对建筑室内舒适度的影响，降低夏季空调能耗。

（2）对南侧和西侧客房在内侧加设 5 + 12A + 5 断桥中空窗一道（见图 5-5），减少窗户区域的热损，在提升室内环境舒适度的同时，降低夏季和冬季空调能耗。

改造后的节能量已体现在具体空调供暖耗能中，不作单独考核。

图 5-5　部分区域加设中空窗和可调遮阳棚

5.2.2.6　能耗监测系统

根据酒店现有用电回路管理需求和节能量核算需要，通过对低压供电回路进行监测，按照《国家机关办公建筑及大型公共建筑分项能耗数据采集技术导则》中的规定，对照明插座用电、空调用电、动力用电和特殊用电进行分项计量。

通过能耗管理与监测系统，可以实现具有各种建筑能耗实时分类 / 分项计量、数据远程传输、数据采集与存储、数据统计与分析、数据发布与远传等基本功能，还具有建筑能源管理的扩展功能，为酒店的能源利用诊断、能源质量监测、能源账单核对、节能潜力分析、节能效果验证、能源调度、保障健康与舒适环境、提高全员节能意识等提供有效手段，同时为建筑能耗统计、审计、监管提供准确的能耗数据及决策依据。

以生活用水系统为例，通过对酒店开展整体耗能（水）数据的测控和分析，推测项目进水管存在渗漏情况，通过对非用水时段计量表的跟进，确定存在漏水。由于该回路深埋在地下，无法确定具体漏损部位，只能对进水表后至用水区的部分重新布管。

2015 年 4 月完成水管改造后，平均每月水量下降了 1500 ~ 2000t，其中 2015 年当年较 2014 年同期下降了 18000t，全年节约水费 6.3 万元（见图 5-6）。

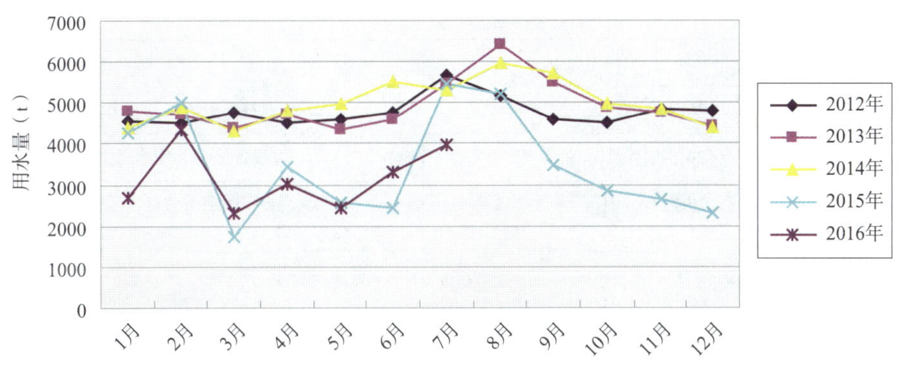

图 5-6　改造前后用水量

结合酒店用水质量提升要求，将现有生活用水的二次供水（水箱设在地下一层）改为无负压直供（见图 5-7），并将部分区域的开水炉更换为节能开水炉，提升供水品质和卫生标准，同时实现一定的节能效果。

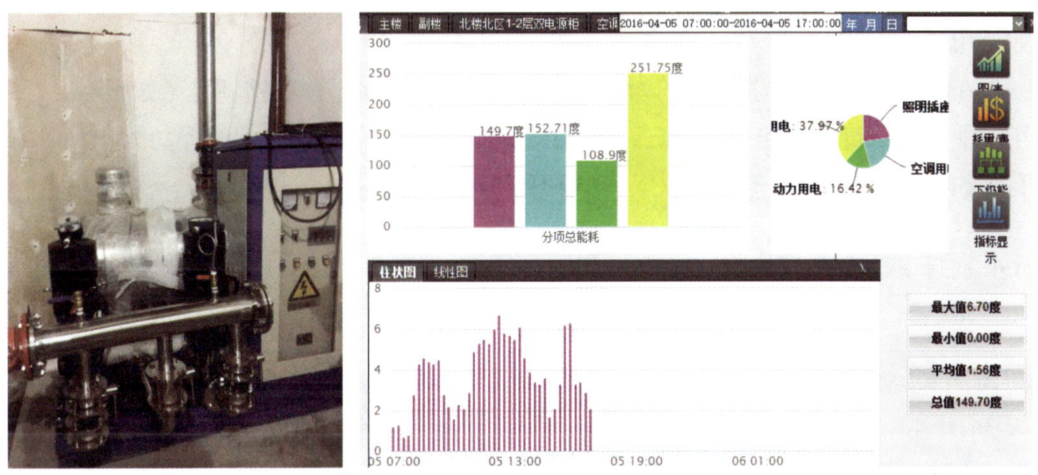

图 5-7　酒店无负压直供水改造和能耗监测平台界面

此外，结合改造后的日常运营管理，制定了相应的行为节能管理制度，如酒店热水系统运行管理制度、餐厅用能行为管理制度、公共区域空调管理制度、公共区域照明管理制度等。

5.3　项目合同签订与实施

该项目节能改造采用的是“节能效益分享型”合同能源管理模式，节能效益分享期为 4 年。项目实施进度如表 5-3 所示。

项目实施进度表　　表 5-3

项目启动时间	2014 年 10 月	项目竣工时间	2016 年 6 月
编写设计方案	2014 年 10 月 ~ 2015 年 4 月	现场勘查、能源审计、方案制定	
编写施工方案	2015 年 4 月 ~ 2015 年 12 月	设备采购、安装施工	
项目施工阶段	2016 年 1 月 ~ 2016 年 5 月	调试与试运行	
项目竣工验收阶段	2016 年 6 月	项目竣工交付	
节能效益分享期	2016 年 6 月 ~ 2020 年 7 月	项目运营和效益分享	

5.4 运行与效果评价

该项目采用合同能源管理的节能模式，设备和系统能否正常运行与节能效果的好坏直接关系到投资成本的回收和项目盈利的实现。同时，增补的系统与保留的原有系统具有较好的兼容性，具备了互为补充和应急备用的可能。同时，结合实际运行管理，针对相应用能系统制定了完善的运行管理制度和要求，以保障设备的正常运行和高能效使用。

在具体的节能改造措施中，对部分节能量相对稳定的节能改造项目（如照明），采用和业主均认可的节能量进行节能效益的分享；对部分节能量变化较大的节能改造项目（如中央空调系统、热水系统），则根据实际节能效益进行分享。

5.4.1 节能效果的评价

通过采用上述节能措施，测算全年节约用电 52 万 kWh，节约燃气 16.1 万 m^3。2016 年实际全年节水 1.8 万 t，节省燃气 15.1 万 m^3，节电 47 万 kWh，整体节约标准煤 361t，以 2012 ~ 2014 三年平均能耗为基准，年节能率达到 29.21%，基本实现了预期的节能目标（见表 5–4）。

年节能量汇总表（按照标准煤计算）　　表 5–4

节能改造系统	节水量（万 t）	节省天然气（万 m^3）	节电量（万 kWh）	节能量（tce）	减少碳排量（t）
空调系统	—	4	11	89.50	224
热水改造	—	6	3	69.90	175
照明系统	—	—	36	118.80	297
蒸汽系统	—	5	—	66.50	166
管理节能与其他节能措施	1.8	—	3	9.90	25
合计	1.8	15.1	47	355.90	887

5.4.2 经济性分析

该合同能源管理项目的总投资额为 242 万元，整个项目的效益分享期为 4 年。按同期能源价格，年度可节约能耗费用 90 余万元，加上锅炉设备调整后对工程部人员调岗等效益，整体可实现 100 万元的经济效益，项目节费率为 30.1%。

5.5 实施亮点与经验分享

5.5.1 实施亮点

通过空调系统的热源调整和输配系统变频改造、高效照明改造、热水系统、蒸汽需求调整等改造，通过系统合理配置和工期合理安排，实现了新增各项节能改造措施与旧有系统的无缝对接，最大限度地降低了改造对酒店运营的影响，并提升了酒店耗能系统的可靠性。

5.5.2 经验分享

通过该项目节能改造的实施，主要有以下几点经验可以分享：

（1）在项目的前期对项目情况调研得越详实，对后期节能改造方案的制定、节能量的保证越有利。调研包括现有设备的情况、业主运营管理和直接使用者的用能习惯等。

（2）在项目的方案制定和实施阶段，应尽量采用用能系统增补的模式，尽量保证系统间的相对独立性，减少业主对新增节能改造方案和设备的忧虑。

（3）建筑节能是个持续工程，不能完全依赖于对用能设备的改造，需要通过调试阶段的磨合，制定初步的运行策略和操作规程，更需要在持续运营过程中结合酒店实际需求进行持续优化和完善。

6

南京天丰大酒店

项目外观图

建筑功能：四星级酒店

建筑面积：4.3 万 m^2

EPC模式：节能效益分享型

技术措施：空调系统改造、热水系统改造、照明系统改造、增设能耗监测系统、增设可再生能源利用系统

实施效果：年能耗较基准能耗节省标准煤 730.47t，减少碳排量 1821.1t，综合节能率为 35.42%

6.1 项目概述

6.1.1 建筑概况

南京天丰大酒店隶属南京市总工会，是一家集客房、餐饮、娱乐为一体的综合性四星级旅游涉外酒店，酒店于 2002 年 3 月开业，2007 年重新装修后开业，其坐落于城市的“心脏”地带——繁华的商业、文化、金融中心新街口，毗邻商场、银行、写字楼、文化娱乐中心、餐饮、1912 酒吧街区等。地理位置优越，交通便利，商务便捷，闹中取静，酒店经整体改造后焕然一新。

酒店拥有 223 间客房，8 个各具特色的餐厅，9 间功能不同的会议室，另有水疗中心、健身中心等配套设施。其地下一层为停车场，一～六层为酒店裙房。

6.1.2 用能系统概况

酒店的能源类型主要有电、天然气，用能系统有供热系统（供暖、热水、蒸汽）、空调系统、照明系统、配电系统、能耗监测系统等。

6.1.2.1 供热系统

酒店供暖及生活热水由锅炉房内的蒸汽锅炉提供蒸汽经换热后提供。锅炉房位于酒店地下一层，锅炉房内共有蒸汽锅炉 3 台，1 用 2 备，轮换使用。每台锅炉的额定功率为 4t/h。锅炉产生的蒸汽除供应酒店供暖及生活热水外，还供应厨房使用。

6.1.2.2 空调系统

天丰大酒店空调系统冷源系统有双良—特灵溴化锂吸收式制冷机组 2 台，机组型号为 SXZ6–175D，制冷量为 1750kW，额定蒸汽耗量为 2340kg/h，额定电功率为 40kW。制冷机房位于酒店地下一层。空调系统共分高、中、低三个区域，制冷与供暖共用水泵，酒店中央空调系统主要设备如表 6–1 所示。

中央空调系统主要设备清单 **表 6–1**

<table>
<tr><td rowspan="2">制冷主机</td><td>型号</td><td>类型</td><td>数量（台）</td><td>制冷量（kW）</td><td>蒸汽耗量（kg/h）</td><td>电功率（kW）</td></tr>
<tr><td>SXZ6-175D</td><td>双良特灵溴化锂吸收式制冷机</td><td>2（1 用 1 备）</td><td>1750</td><td>2340</td><td>40</td></tr>
<tr><td rowspan="2">冷水泵</td><td>型号</td><td>数量</td><td colspan="2">流量（m^3/h）</td><td>扬程（m）</td><td>功率（kW）</td></tr>
<tr><td>200/400-75/4（Z）</td><td>2（1 用 1 备）</td><td colspan="2">360</td><td>39</td><td>75</td></tr>
<tr><td rowspan="2">冷却水泵</td><td>型号</td><td>数量</td><td colspan="2">流量（m^3/h）</td><td>扬程（m）</td><td>功率（kW）</td></tr>
<tr><td>200/410-90/4</td><td>2（1 用 1 备）</td><td colspan="2">415</td><td>54</td><td>90</td></tr>
<tr><td>冷却塔</td><td>数量：3 台</td><td colspan="5">流量：500m^3/h，输入功率 18kW，共 3 台，1 用 2 备</td></tr>
</table>

续表

供暖锅炉	型号	类型	数量（台）	额定蒸发量（t/h）	额定蒸发温度（℃）
	WNS 4-1.25-Y	天然气蒸汽锅炉	2（1用1备）	4	194
供暖泵	与冷水泵共用				

6.1.2.3　照明系统

本次涉及改造的酒店照明光源共12729套，光源类型为金卤灯、MR16卤素射灯、螺旋或U型节能灯、白炽烛泡灯、T5日光灯带（见图6–1和表6–2）。

图6–1　照明系统

原照明系统设备清单　　表6–2

安装位置	灯具类型	功率（W）	数量（支）	日均亮灯时间（h）
会议室	筒灯（插拔）	2×13	1850	10
包间	射灯	35	369	12
	筒灯（E27）	9	2240	12
	烛泡	25	192	12
客房	筒灯（E27）	9	2011	10
	射灯	35	1022	10
	环形日光灯	40	170	10
公共区域	门头灯	5	2117	24
	筒灯（E27）	9	30	24
	帕灯	75	50	12
	射灯	50	867	24
	灯带	28	1811	10

6.1.2.4　变配电系统

天丰大酒店原有供电系统为两路供电，配电机房位于酒店地下一层，供电总容量为2500kVA，每路供电配备为1台1250kVA变压器，10kV直降0.4kV系统。

6.1.2.5　能耗监测系统

天丰大酒店除了已安装的水、电、气总表外，餐饮、生活热水有蒸汽表计量，制冷剂供暖蒸汽表损坏，一直未修复。但是在电能监测方面，酒店只在少数使用电能的设备上安装了计量电表，对整个酒店空调、照明系统等的电能消耗无法做出详细的统计和相应的分析，很难以此为依据做出相应节能诊断，电能的管理节能和行为节能还完全依赖人员的经验和设备使用习惯。

6.1.3　节能潜力评估

经过全面评估，认为该项目的节能潜力主要存在于以下几个方面：

（1）供暖通风空调及生活热水供应系统：

1）空调主机：酒店蒸汽型溴化锂主机使用年限已接近 20 年，单位制冷量蒸汽耗量高于规定值，运行效率低。此外，酒店生活热水系统与溴化锂主机共用锅炉，锅炉供汽压力为 0.7MPa，而为保证溴化锂主机安全运行，需要将供应主机的蒸汽压力降压至 0.3MPa 以下。

2）循环水泵：酒店冷水泵、冷却水泵使用时间同样接近 20 年，所用电机为淘汰电机；冷水系统、冷却水系统实际供回水温差仅为 2℃左右，远低于设计值 5℃。

3）冷却塔：冷却塔仅由操作人员根据冷却水温度或溴化锂主机负荷调节要求进行启停控制，存在一定的能量浪费情况；且同冷量的电制冷主机的冷却负荷远低于溴化锂主机；

4）生活热水：酒店生活热水采用蒸汽经立式半容积式换热器加热的方式制取，存在蒸汽输送管线长，换热器老化严重、热量损失大，导致生活热水能耗高的情况。

（2）照明系统。酒店照明系统多采用卤素射灯、荧光灯等传统高能耗光源，部分公共区域光源衰减严重，接近报废期，导致照明功率密度值高于规定值，但实测照度值反而低于照度规定值，不符合节能与舒适要求。

（3）监测与控制系统。酒店无能源监测与控制系统，只有分类能耗计量，无详细的分项计量，无法根据实时能耗情况进行管理，无法根据历史能耗数据进行专项诊断及分析。

（4）可再生能源利用。酒店裙楼楼顶有设备安装空间，且承重满足要求，可增设可再生能源利用系统。

总体而言，通过技术改造和完善运行管理等，具有较大的节能潜力。

6.2　合同能源管理实施方案的制定

6.2.1　总体方案的制定

对于该酒店的改造，主要思路是从提高能源利用效率及设备运行效率、减少不合理用能、减少能源浪费并加强能源管理入手制定相应的节能方案。

对于中央空调系统、热水系统、照明系统主要采用提高能源利用效率的技术措施，降低能源的消耗；增设可再生能源利用系统，减少常规能源消耗；对酒店安装能耗监测系统，加强能源管理并提供节能物管服务，以实现节能。

6.2.2 各系统实施方案

6.2.2.1 空调系统

（1）采用高效螺杆式冷水机组替代原有溴化锂机组：采用 2 台名义制冷量为 975kW（额定输入功率为 178kW）的螺杆式冷水机组替代原有 1 台名义制冷量为 1750kW 的溴化锂机组。

（2）采用高效节能水泵：采用新型高效节能水泵替代原有冷水泵、冷却水泵，根据系统情况及使用要求重新选型，保证在满足使用要求的同时，大幅降低冷水泵、冷却水泵能耗；

（3）冷却塔智能启停控制：根据空调主机散热负荷，实时调整冷却塔风机的运行数量，在保证冷却效果的前提下，最大幅度降低冷却塔能耗；

采用上述三项技术节能改造后，每年可节约电量 10.02 万 kWh，节约天然气 21.38 万 m^3。

6.2.2.2 热水系统

基于制冷主机冷凝热回收制取生活热水：用于替代溴化锂主机的 2 台螺杆式冷水机组中 1 台带冷凝热回收功能，热回收量为 195kW，可在制冷季基本满足生活热水加热需求。

冷凝热回收循环系统配置循环水箱，空调冷凝热量将循环水箱中的水加热至设定温度后，自动停止循环水泵运转，在此之前，水泵保持循环。在循环水箱与酒店原生活热水系统用汽水换热器之间安装变频恒压供水装置，用于将循环水箱中的水增压后输送至各用水区域。当循环水箱中的水满足使用要求时，直接输送至各用水区域；如温度低于设定值，则由原蒸汽加热系统补热至设定温度后再输送至各用水区域。

回收空调冷凝热量制取生活热水后，每年可节约电量 0.99 万 kWh，节约天然气 5.56 万 m^3。

6.2.2.3 照明系统

通过现场调研发现，改造前酒店使用的照明产品光源主要是金卤灯，MR16 卤素灯杯、白炽烛灯泡、节能灯、T5 荧光灯等。

为更好地达到酒店实现节能减排、绿色照明的要求，根据实地考察情况和测试，并征求酒店工程部门的意见，在对各种拟替代光源进行测试并确认后，对酒店传统光源进行了节能改造，选用新型低功耗、高效率的 LED 光源替代原有光源，包括了

LED 帕灯、LED 射灯、LED 烛泡灯、LED 天花灯、LED 球泡灯、LEDT5 一体化灯具。先后分两期进行了灯具的节能改造，共改造灯具 12729 盏（支），改造后节能灯具年节电量为 67.59 万 kWh（见图 6–2）。

图 6–2　改造后照明系统

6.2.2.4　能耗监测系统

（1）能耗监测系统由三部分组成：

1）监控管理层：由能耗监测系统服务器、打印机、显示设备、UPS 电源、防火墙等设备组成。

① 能耗监测系统服务器负责各种数据的存储和管理，协助完成各种数据的管理与分析，实现各类报表的数据汇总、统计等功能，协助完成部分数据的挖掘工作，同时提供各类 Web 服务，根据业务逻辑对数据库中的数据产生各种分析结果，对系统运行所产生的数据进行审计和管理。

② 在 B/S 架构下，通过浏览器实现与用户的交互、数据分析结果展示、管理、监控等功能。

2）网络传输层：即数据采集器，分为底层传输和局域网传输两部分，充分利用现有网络，尽可能减少线路敷设，节约建设成本。

① 局域网传输：依托现有完善的局域网分布，实现可靠的数据传输。数据采集器将采集到的数据加密后发送到局域网。

② 底层传输：数据采集器通过 RS 485 总线采集各类计量表具的数据，严格遵循标准的仪表通信协议。

3）计量控制层：通过安装智能电表完成分项用电能耗的数据计量和数据采集。

（2）基于能耗监测平台的节能管理实施说明：

项目采用的能耗监测系统可以无缝对接重点用能设备监控系统，形成“监测、分析、控制、优化”的节能闭环管理。专注建筑生命周期内的能源管控和优化技术，全力推进能耗监测平台在建筑节能中的应用。基于能耗监测平台的综合节能管理主要包括两个部分：

1）基于能耗监测平台的节能诊断。能耗数据是一切影响建筑的能耗因素共同作用的结果。从能耗数据出发诊断的目标为：揭示能耗过程中的低效、浪费环节，并初步计算节能潜力大小。

当信息局限于能耗数据时，常用的分析方法是将不同时段的分项能耗数据进行对比，如昼夜对比、工作日/休息日对比、不同季节对比等，通过分析能耗在不同时段的变化情况，揭示设备运行管理中存在的问题。这种分析方法本质上是对能耗曲线形状的识别和判断，通常可以将关键的曲线形状参数以特征值的形式提取出来。

2）基于能耗监测平台的节能管理。基于能耗监测平台能耗仿真、数据挖掘、考核评价、辅助决策、能耗定额等功能，制定行之有效的节能管理策略，主要包括以下方面：

①制定重点用能设备节能使用规范；

②制定节能行为指南；

③制定节能考核评价体系；

④制定能耗定额管理制度。

根据天丰大酒店的实际情况，确定电力计量与数据采集监测点位：包括变压器出线及所有二级回路共 52 条用电支路，并增设了具有数据远传功能的蒸汽机量表具。

对天丰大酒店安装建筑能耗监测管理平台，参考行业经验，并据项目验收专家估计，通过安装能耗分项计量系统、加强运行管理，可实现酒店电力部分节能 3% ~ 5%。按 2.6% 的节能率估算，能耗监测平台的基准电量为 418.08 万 kWh，估算节电量为 10.87 万 kWh。

6.2.2.5 可再生能源利用系统

综合考虑南京天丰大酒店设备安装空间与生活热水系统用水特点，增设太阳能热水系统，并以原有蒸汽加热系统作为补充和辅助热源。

（1）设计并增设 20t/d 的太阳能热水系统。

（2）配备循环水箱及温差循环水泵，太阳能热水系统温差循环。

（3）太阳能热水供给方式为定温放水模式，且温度可调。

（4）因天气原因导致太阳能热水系统不能提供足够的热水时，以原有蒸汽加热系统为补充和辅助热源。

经测算，增设 20t/d 的太阳能热水系统后，每年可节约天然气 2.74 万 m^3。

6.3 项目合同签订与实施

南京天丰大酒店综合节能改造项目采用的是“节能效益分享型”合同能源管理模式，合同于 2015 年 2 月签订，该项目节能效益分享期为 6 年。项目实施进度如表 6–3 所示。

项目实施进度表　　表 6-3

项目启动时间	2015 年 3 月	项目竣工时间	2015 年 9 月
编写设计方案	2014 年 9 月 ~ 2014 年 12 月	完成节能项目设计方案	
编写施工方案	2015 年 1 月 ~ 2015 年 3 月	完成项目施工方案设计、设备采购	
项目施工阶段	2015 年 3 月 ~ 2015 年 8 月	完成空调系统变频改造、生活热水和泳池热水系统改造、照明系统改遣、变配电改造及能耗监测系统改造的施工安装，设备的调试与试运行	
项目竣工验收阶段	2015 年 8 月 ~ 2015 年 9 月	项目竣工验收，并由第三方机构对项目设备进行检测	
节能效益分享期	2015 年 9 月 ~ 2021 年 9 月	根据实际产生的节能效益双方按比例分享	

6.4 运行与效果评价

由于该项目采用合同能源管理的节能模式，项目节能效果的好坏直接关系到投资成本的回收和项目盈利的实现，因此，特别重视对项目改造后的运行管理。为此，针对该项目的实际情况，编制了《节能运行手册》以指导节能改造项目的日常运行以及故障、紧急情况的处理。

在改造的具体节能措施中，有一部分节能量相对稳定的节能改造项目（如照明、太阳能热水系统），采用和业主均认可的节能量进行节能效益的分享。

6.4.1 节能效果的评价

天丰大酒店合同能源管理项目涉及多个用能系统的改造，各项改造开始及完成时间不同，各用能系统的节能效益测试及确定方式也各有不同，因此节能公司与业主商定，采用完成一项改造内容，即进行该项内容的节能效益测试及确定，分享期自双方签订节能效益确认单之后开始，周期为 6 年。并将能源价格波动纳入节能效益影响范围。双方商定，能源价格发生变化时，由业主方书面告知节能公司，双方采用改变后的能源价格重新确定节能效益，确定方式为能耗测试数据不变，仅对能耗费用进行重新计算，并以此确定节能效益，作为结算依据，直至合同期内能源价格再次发生变化。

通过一系列节能措施，实际改造后天丰大酒店的年能耗较基准能耗节省标准煤 730.47t，减少碳排量 1821.1t。改造前年总能耗折合标准煤 2062.37t，综合节能率为 35.42%，达到了预期节能效果（见表 6-4）。

年节能量汇总表（按照标准煤计算）　　表 6-4

节能改造系统		节省天然气（m^3）	节电量（kWh）	节能量（tce）	减少碳排量（t）
空调系统		0	948606	285	711
热水系统	低区生活热水改造	322930	613568	208	521
	游泳池热水改造	105174	199831	68	170

续表

节能改造系统	节省天然气（m^3）	节电量（kWh）	节能量（tce）	减少碳排量（t）
照明系统	—	2405764	722	1804
变配电系统	0	131575	39	99
能耗监测系统	0	383523	115	288
总计	428104	3056069	1437	3593

6.4.2 经济性分析

该项目的总投资额为582万元，整个项目的效益分享期为6年。根据与酒店约定的分享比例，投资静态回收期约为3年，具有可观的经济效益。

6.5 实施亮点与经验分享

6.5.1 实施亮点

在既有商业建筑中，采用高效电制冷主机替代溴化锂主机具有显著的经济效益是显而易见的，改造的难点在于如何解决用电负荷的增加。

天丰大酒店位于南京商业中心——新街口，电力负荷紧张，电力增容难以实现。酒店现有配电容量为1000kVA，峰值用电负荷为700kW，如不采取一定的措施，增设螺杆式冷水机组后，峰值负荷将有可能超过变压器额定容量，存在安全隐患，并且会对酒店运营产生影响（用电负荷超过规定值时，供电部门会拉闸限电）。

针对这一情况，采用以下两种方式进行解决：

（1）采用高效节能水泵：酒店原冷水泵、冷却水泵的总功率为165kW（其中冷水泵75kW，冷却水泵90kW），替代后的冷水泵、冷却水泵的总功率为67kW（其中冷水泵22kW，冷却水泵45kW），富余近100kW的空间。

（2）采用高效节能光源：改造部分的照明系统原总功率约144kW，采用LED光源替代后，这部分光源的总功率约50kW，富余近94kW的空间。

因此相当于只需要考虑一台空调主机的配电增容问题，考虑到两台螺杆式冷水机组的总制冷量（1950kW）大于原有溴化锂机组（1750kW），且溴化锂机组冷量衰减，实际制冷量不超过1500kW，根据溴化锂主机*COP*核算，实际使用时增加的功率不会超过100kW，因此不需要增容。

新增的两台螺杆式冷水机组已使用两个完整的制冷季，实际总用电负荷未超过800kW。

6.5.2 经验分享

通过该项目节能改造的实施，主要有以下几点经验可以分享：

（1）项目整体改造方案的制定：制定项目整体改造方案时，必须建立在全面的节能诊断、针对性的节能改造方案、经济效益分析、施工可行性分析以及对业主方的影响分析的基础上。

（2）项目的顺利实施：项目的顺利实施，除节能改造公司全面规划，制定详细的施工方案外，还离不开业主方的鼎力支持。

（3）节能量测试及确认：进行节能量测试及确认时，必须充分考虑各项改造内容的使用特点，并充分利用已有的测量仪器，确保测试数据的准确性，并降低测试成本；选取测试数据时，应充分考虑影响测试数据的因素，保证节能公司与业主方的利益。

（4）能源价格的影响：相比于业主方，能源价格降低对节能公司的收益影响更大。节能服务公司在制定节能改造方案及签订合同能源管理合同时，应引起足够的重视并制定行之有效的风险把控措施。

7

上海建科大厦

项目外观图

建筑功能：办公楼

建筑面积：3 万 m^2

EPC模式：节能效益分享型

技术措施：空调系统改造、照明系统改造

实施效果：年能耗较基准能耗节省等效电 1247536kWh，综合节能率为 27.54%

7.1 项目概述

7.1.1 建筑概况

上海建科大厦位于上海市徐汇区宛平南路 75 号，1997 年投入使用，总建筑面积 3.119 万 m^2，建筑地面高度为 102m，地上 24 层，地下 2 层。大厦刚建成时的业态为酒店、餐饮与写字楼，其中一～三层为餐饮区域，四～八层为酒店客房，九～二十四层为办公区域。地下 2 层分别为车库和设备用房。2010 年 12 月宾馆停业，2012 年 2 月份餐厅停业，成为纯办公业态，属多业主大厦。

目前大厦地下一层、地下二层为地下停车场，地上一～二十四层均为办公。

7.1.2 用能系统概况

建科大厦消耗的能源种类为电力和天然气，用能系统可以分为空调系统、照明系统、动力系统等。

7.1.2.1 空调系统

建科大厦夏季空调冷负荷为 3953kW，冬季热负荷为 2756kW。大厦原来空调系统冷热源主机采用两台日本“EBARA”牌 RAD–G060 型直燃煤气吸收式溴化锂机组及一台螺杆式机组；其中每台直燃煤气吸收式溴化锂机组制冷量为 2110kW，制热量为 1865 kW；螺杆式机组单台供冷量为 696kW。机组均位于建科大厦地下二层的设备机房，大厦的中央空调系统为两管制，由冷水机房进行冬夏季集中转换控制和管理。夏季供 / 回水设计温度为 7℃ /12℃，冬季供暖供 / 回水设计温度为 60℃ /56℃。总供水管经分水器分两路：一路供应裙房一～三层，另一路供应四～二十四层。空调水系统的裙房立管和主楼立管、平面管道均为同程式。三台主机见图 7–1，具体参数见表 7–1。

空调冷热源设备性能参数表　　表 7–1

设备名称	品牌 / 型号	台数	基本参数	备注
直燃煤气吸收式溴化锂机组	日本“EBARA”RAD-G060	2	单台制冷量 2110kW；单台制热量 1865kW；额定耗气量 424Nm^3/ 人；额定电功率 12kW	制冷 *COP* 值由 1.13 降至 0.83；2 号机组出力已降低 30% 以上
螺杆式冷水机组	开利 30HXC200A	1	单台供冷量 696kW；单台功率 138kW	宾馆取消后，使用率较低

图 7-1 建科大厦制冷主机现场照片

建科大厦冷水系统为一次泵系统，系统共设 3 台冷水循环泵，兼作冬季热水循环泵，冷水循环泵的额定流量为 430m³/h，额定扬程为 32m，功率为 45kW，其中一台水泵作为备用。冷却水输配系统由 3 台冷却泵组成，单台泵额定流量为 600m³/h，扬程为 40m，功率为 90kW。冷水泵、冷却水泵如图 7-2 所示，具体参数见表 7-2。

空调系统水泵参数表 表 7-2

设备名称	品牌 / 型号	台数	基本参数	备注
冷水泵	威乐 M150/315-45/4	3	Q=430m³/h； H=32m； P=45kW	供冷供热合用； 2 台变频 1 台工频，流量为 350 ~ 390m³/h； 夏季 2 台变频运行； 冬季 1 台运行
冷却水泵	威乐	3	Q=600m³/h； H=40m； P=90kW	夏季 1 台变频运行

图 7-2 建科大厦冷水泵、冷却水泵现场照片

7.1.2.2 照明系统

建科大厦照明设备主要为普通光源，统计照明总功率为 203.1kW，其中部分灯具为 LED 灯具。照明灯具如图 7–3 所示，具体参数如表 7–3 所示。

建科大厦照明灯具（改造前） 表 7–3

序号	灯具类型	灯具数量（个）	工作日和双休日均使用灯具数量（个）	仅工作日使用灯具数量（个）	改造前功率（W）
1	T5 1.2M	860	49	811	28
2	T5 0.6M	840	102	738	14
3	T5 0.9M	3	0	3	21
4	T8 1.2M	1620	381	1239	36
5	T8 0.9M	266	132	134	21
6	T8 0.6M	2794	1134	1660	18
7	LED 横插灯	1520	590	930	16
8	球泡灯	700	297	403	13
9	球泡灯	40	0	40	26
10	LED 射灯	530	172	358	35
	合计	9173	2857	6316	—

注：灯具每天开启时间按 10h 计算，即 8：00 ~ 18：00；全年工作日 250d，双休日 93d。

图 7–3 改造前建科大厦照明设备实物照片

7.1.3 节能潜力评估

以 2012 年监测数据为例，根据建科大厦分项计量数据（见图 7–4）与每月实际能源费用账单数据统计（所有煤气耗量均为溴化锂主机使用），空调能耗占建筑总能耗的 38%，自用电（各楼层办公区域的照明和插座用电）占总能耗的 29.4%，公共照明占总能耗的 3%，动力用电占总能耗的 4%，公共区域其他用电占总能耗的 7%，网络机房用电占总能耗的 18%（见表 7–4 和图 7–5）。

图 7-4　建科大厦分项计量系统截图

2012 年 2 月至 2013 年 1 月主要用能系统能耗数据　表 7-4

主要用能系统分类	所占比例（%）
空调	38.6
公共照明	3.0
动力	4.0
自用电	29.4
网络机房用电	18
公共区域其他用电	7.0

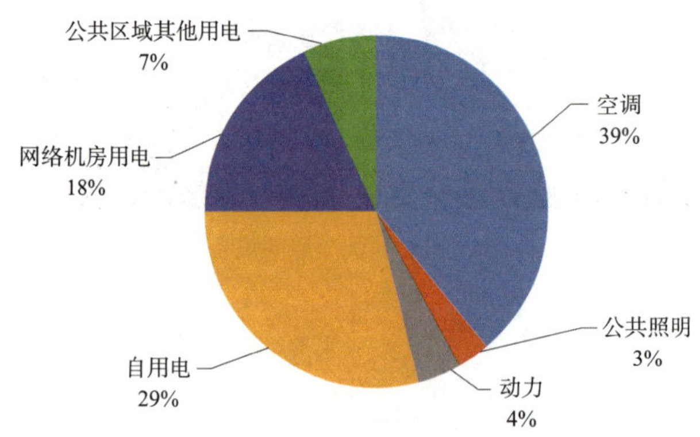

图 7-5　建科大厦 2012 年主要用能系统能耗比例拆分

（1）空调系统节能潜力分析

以 2012 年 2 月至 2013 年 1 月为例，根据建科大厦分项计量数据与每月实际能源费用账单数据统计，建科大厦空调系统主要能耗设备能耗统计见表 7–5。从图 7–6 可见，空调主机占空调系统总能耗的 65.3%，冷却塔占 4%，冷却水泵占 7.5%，冷热水泵占 13.7%，空调末端占 9.5%。

2012 年 2 月至 2013 年 1 月空调系统主要设备能耗统计　　表 7–5

项目	所占比例（%）
制冷及制热主机	65.3
冷却塔	4.0
冷却水泵	7.5
冷热水泵	13.7
空调末端	9.5

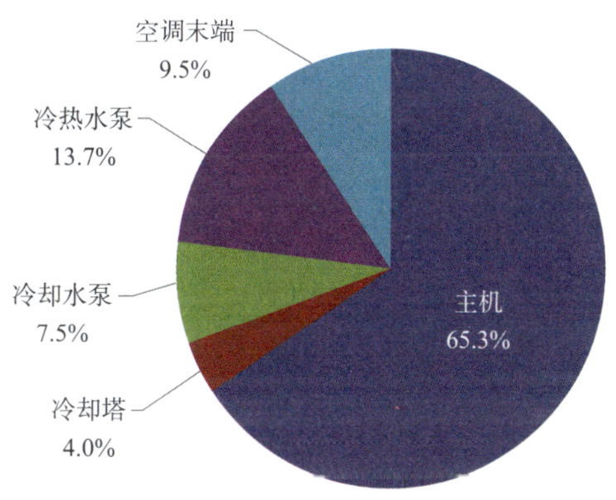

图 7–6　建科大厦 2012 年 2 月至 2013 年 1 月空调系统主要能耗设备比例拆分

目前建科大厦两台直燃煤气溴化锂机组运行已有 15 年，制冷 *COP* 值已由 1.13 降低至 0.83；并且 2 号机组出力已降低 30% 以上，自 2010 年 12 月宾馆停业后，螺杆式机组使用率也较低。空调冷水循环系统原采用一次泵系统，水泵选型过大，输配效率偏低。整个空调系统 *EER* 较低，耗能较高，有较大的节能潜力。

另外，由于大厦七层、八层业主经营原因，周末存在局部的负荷需求，全年中央空调使用时间远高于一般办公大楼，导致建科大厦空调能耗水平偏高。合理调整七层、八层空调方式，减少空调系统运行时间，将有效降低大厦空调能耗。

（2）照明系统节能潜力分析

目前建科大厦四 ~ 二十四层标准层大多采用传统粗管 T8 日光灯，附带普通电感式镇流器，可继续扩大 LED 灯的使用范围，酌情选取部分上述光源更换为节能型光源，坚持多类型的节能型光源改造替换将有效降低建筑照明能耗。

7.2 合同能源管理实施方案的制定

7.2.1 总体方案的制定

针对建科大厦的改造，主要从提高能源利用率、减少不合理用能这两个方面入手制定相应的节能方案。经过分析，发现建科大厦空调系统的直燃式溴化锂机组效率下降明显，能耗较大；同时由于技术的进步，照明系统也存在较大的节能改造空间。因此改造主要针对大厦的空调系统和照明系统，提高大厦空调系统主机的能源利用率来降低空调系统的能耗，同时对输配系统也进行改造；对大厦的照明系统进行 LED 照明灯具的更换。

7.2.2 各系统实施方案

7.2.2.1 空调系统

（1）磁悬浮离心机替换溴化锂主机

目前建科大厦两台直燃煤气溴化锂机组运行已有 15 年，经实测发现制冷 *COP* 值已由额定的 1.13 降低至 0.83（见图 7-7），且 2 号机组出力已降低 30% 以上，故建议废除一台原有的直燃煤气吸收式溴化锂机组及螺杆式机组，更换成磁悬浮无油变频离心式冷水机组；冬季仅将溴化锂机组当作一般的常压锅炉使用，利用另一台溴化锂机组供热，可满足大厦冬季供热需求。

项目名称：上海建科大厦综合节能改造　　　　报告编号：JNTFKT20150021

六、检测结果及结论

1、通风与空调系统性能检测

1.1 离心式冷水机组效率

设备名称			溴化锂机组			生产厂家		/		
规格型号			/			安装位置		地下二层		
检测仪器			超声波流量计、热电偶温度计、电能质量分析仪			检测日期		2015.07.16		
检测日期			2015.07.16			室外环境		平均温度 28.6℃ 平均湿度 61%		
检测依据			《采暖通风与空气调节工程检测技术规程》JGJ/T 260-2011							
评定依据及技术要求			/							
检测结果										
设备编号	冷水平均流量（m³/h）	冷水进口水温（℃）	冷水出口水温（℃）	进、出口温差（℃）	供冷量（kW）		负荷率（%）	天然气消耗量（m³/h）	电机输入功率（kW）	性能系数（COP）
					额定值	实测值				
2#	350.8	10.8	8.0	2.8	2100	1145.9	55	192	13	0.83

图 7-7　改造前溴化锂机组效率测试结果

查阅近3年大厦两台变压器的最大负荷值（即实际MD），一台为950kVA，最高负荷率为59%，另一台为795kVA，最高负荷率为50%。由于溴化锂主机替换后，夏季供冷耗能由煤气改为电，将导致电负荷上升，应考虑均衡两台变压器负荷，使变压器最高负荷处于安全值区间内。该项目采用4台磁悬浮模块机组替换原有1台溴化锂机组及原有螺杆式冷水机组，空调主机替换施工过程如图7–8所示，改造后设备如图7–9所示，参数见表7–6。

图7–8 空调主机替换施工过程

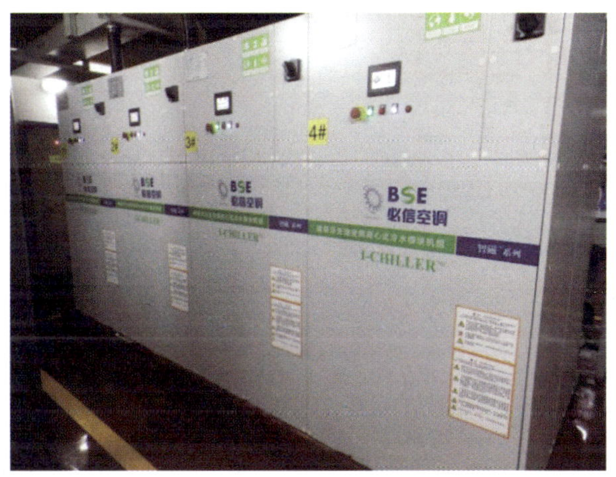

图7–9 改造后的磁悬浮无油变频离心式冷水机组

建科大厦空调主机改造后设备表　　表7–6

设备名称	品牌 / 型号	台数	基本参数
磁悬浮无油变频离心式冷水机组	BSMW–0525	4	单台供冷量525kW； 单台功率98.7kW

（2）大厦七层、八层安装VRV空调

由于建科大厦七层、八层租户为计算机培训学校，主要都在非工作日进行计算机培训，并且大厦业主在租赁合同中与七层、八层租户约定在非工作日提供免费中央空调（七层、八层租户公共能耗费为其他楼层租户的1.5倍），其他楼层租户如需在非工作日使用中央空调需支付高额能耗费用（其他楼层尚无租户申请过非工作日使用中央空调）。按照大厦2012年1月至2013年12月连续两年空调的运行情况统计，大厦中央空调年平均春季保养停机时间为27d，秋季停机保养时间为28d，则全年空调时间为310d，其中制冷系统运行时间181d，供暖系统运行129d。

因此，为大厦七层、八层加装VRV空调系统，为七层、八层在非工作日提供空调，从而有效减少了大厦中央空调主机全年开启时间。图7-10为七层、八层建筑平面图，根据实际调研情况，非工作日仅教室区域使用空调，则只需在图中标出的教室区域安装VRV空调，阳台区域足够放置VRV空调室外机，可同时满足夏季制冷及冬季供暖，系统控制自由，主机小巧，安装灵活，运转安静，并且可配合多样的外立面设计，不影响室内美观。VRV空调设备选型参数如表7-7所示。

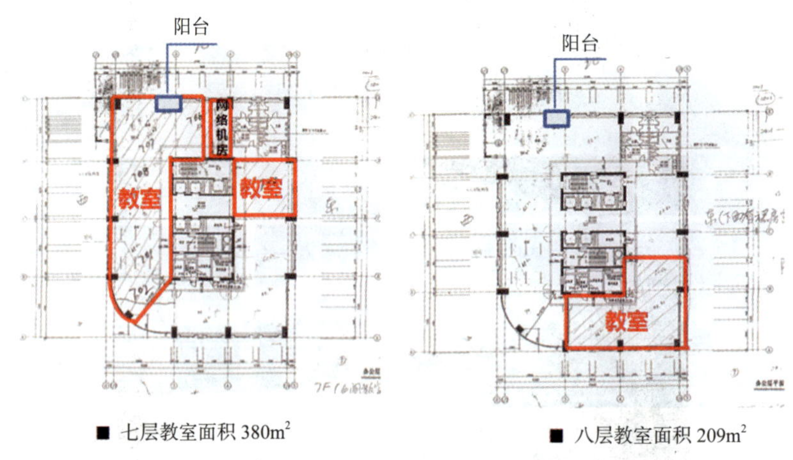

图7-10 七层、八层VRV空调区域

VRV空调设备选型参数表 表7-7

室内机型号	台数	单台功率（kW）	室外机型号	台数	室外机参数	单台功率（kW）
FZFP80AB	4	0.11	RHXYQ36AB	1	制冷：102.35kW 制热：89.07kW	27.8
FZFP90AB	8	0.11				
FZFP112AB	3	0.16	RHXYQ18AB	1	制冷：51.93kW 制热：46.59kW	13.5
FZFP125AB	2	0.22				
合计	17	2.24	—	2	—	41.3

（3）水泵运行策略优化

改造前大厦中央空调夏季运行天数为181d，每天运行时间约为10h，冷水泵常规运行台数为 2 台。通过优化水泵运行策略，将冷水泵运行台数减少至 1 台，有效提升了输配效率，降低了输配能耗。

7.2.2.2 照明系统—— LED 照明改造

目前大厦四 ~ 二十四层标准层大多采用传统粗管 T8 日光灯，附带普通电感式镇流器，拟采用高效的 LED 日光灯替代原来的传统 T8 日光灯，改造后照明总功率为 86.23kW，据测算可节能约 55%。改造后照明系统如图 7–11 所示，灯具参数如表 7–8 所示。

图 7–11 照明改造效果

建科大厦照明灯具参数（改造后） 表 7–8

序号	光源类型	灯具数量（个）	工作日和双休日均使用灯具数量（个）	仅工作日使用灯具数量（个）	改造后功率（W）
1	LED	860	49	811	14
2	LED	840	102	738	7
3	LED	3	0	3	9
4	LED	1620	381	1239	16
5	LED	266	132	134	12
6	LED	2794	1134	1660	9
7	LED	1520	590	930	5
8	LED	700	297	403	5
9	LED	40	0	40	7
10	LED	530	172	358	5
	合计	9173	2857	6316	—

注：灯具每天开启时间按 10h 计算，即 8：00 ~ 18：00；全年工作日 250d，双休日 93d。

7.3 项目合同的签订与实施

建科大厦的综合节能改造项目自 2014 年签订合同，陆续于 2014 年、2015 年进行了空调主机改造、部分楼层 VRV 改造以及全楼 LED 灯具改造。项目实施进度如表 7-9 所示。

项目实施进度表　　表 7-9

阶段	起止时间	具体内容说明
空调主机替换	2014 年 12 月 ~ 2015 年 4 月	2 号溴化锂主机替换为磁悬浮机组
冷冻水泵运行策略优化	2014 年 12 月 ~ 2015 年 4 月	将冷水泵开启台数由 2 台降低为 1 台
7、8 楼安装 VRV 空调	2014 年 4 月 ~ 2014 年 6 月	七层、八层教室区域安装 VRV 空调
LED 灯替换	2015 年 4 月 ~ 2015 年 6 月	分期分批对大厦非节能灯置换为 LED 节能灯

7.4 运行与效果评价

7.4.1 节能效果的评价

依据签订的合同及其附件对整个改造项目进行节能量测算和节能效益分享。

对建科大厦进行综合节能改造，将空调系统由溴化锂机组更换为磁悬浮无油变频离心式冷水机组，机组运行效率大幅度提高；对系统的冷水泵进行变频改造，根据末端使用情况调节空调水系统的压力及流量；对整栋大厦的照明系统进行 LED 节能改造，降低照明总功率；对七层、八层的空调单独进行 VRV 改造以减少大厦空调主机的开启时间。建科大厦综合节能项目改造前后的能耗对比如表 7-10 和图 7-12 所示，建科大厦综合节能改造总节能量折合等效电 124.75 万 kWh，节能率为 27.54%。

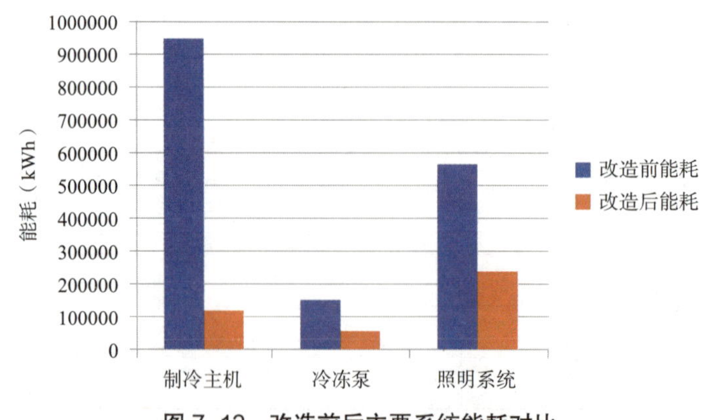

图 7-12　改造前后主要系统能耗对比

建科大厦改造后节能率计算（等效电算法） 表 7-10

名称	改造前能耗	改造后能耗	节能量（kWh）	基准年能耗（kWh）	节能率
	折合等效电（kWh）	折合等效电（kWh）			
制冷主机	947563.5	119166.7	828396.8	4543513	18.23%
冷冻泵	152040	57120	94920		2.09%
照明系统	562667	238447.8	324219.2		7.14%
VRV 系统	作为余量，不计入节能量总量				—
合计	1662270.5	414734.5	1247536		27.54%

7.4.2 经济性分析

上海建科建筑节能技术股份有限公司投入 304 万元对上海建科大厦的空调系统和照明系统进行统一改造，合同分享期为 6 年。项目年均节能效益超过 70 万元，内部收益率为 14.03%，动态投资回收期 4.65 年。该合同能源管理项目能在合同期内收回投资，经济性合理。

7.5 实施亮点与经验分享

7.5.1 实施亮点

本次改造保留了一台正常运行的溴化锂机组，保留原有冷热水泵及冷却水泵，拆除另一台溴化锂机组并将拆除机组设备零部件作为保留机组替换配件。保护性拆除一台螺杆式机组，并将螺杆式机组移位至相邻机房内。增加 4 台 150RT 的磁悬浮模块式冷水机组。保留原有的 3 台冷热水泵，并改造为水泵与设备一一对应方式；保留原有的 3 台冷却水泵，并改造为水泵与机组一一对应方式。原有自动反冲洗过滤装置改造调整后与冷却水泵一一对应连接。

该项目关键技术在于磁悬浮制冷技术在办公建筑的应用，它的成功实施具有很高的工程应用价值。建科大厦节能改造项目基于上海办公建筑节能改造示范项目开展，在满足建筑功能需求的基础上降低了建筑的运行能耗，实现了建筑的整体节能。

由于建科大厦的业态为多业主大厦，整栋大厦的改造过程中实施公司进行了多方协调才使项目顺利开展。在后期运行管理中，由于磁悬浮变频离心机组在部分负荷下具有较高的能效比，如何对新系统进行运行管理是项目顺利验收的关键，合理的运行管理模式对项目最终的节能效果起到重要的作用。

建科大厦原空调系统为两台溴化锂机组，满足大厦夏季供冷及冬季供暖，目前仅废除一台溴化锂机组，大厦冬季仍使用溴化锂机组供暖，同时在夏季极端天气时保留的溴化锂主机则为补充冷源。如此，新老设备的灵活切换，稳定运行则变得至关重要。

因此改造项目的实际操作中需要对空调系统的运行策略进行研究，以保证大厦中央空调系统的稳定运行。

7.5.2 经验分享

上海建科大厦总建筑面积 3.119 万 m^2，于 2013 年起对大厦进行节能改造，空调系统采用 4 台组合的磁悬浮变频离心式机组替代原有的 2 号溴化锂机组和螺杆机；对水泵进行变频改造；对大厦七层、八层加装 VRV 空调系统；大楼内的灯具替换为 LED 照明灯具。改造后项目运行状况良好，并获得了上海市节能改造重点城市示范项目的授牌。

8

上海震旦国际大楼

》》项目外观图《《

建筑功能：5A 级办公楼

建筑面积：102517m^2

EPC模式：节能效益保证型

技术措施：空调系统改造、照明系统改造、能耗监测系统改造

实施效果：年节省标准煤 1098t，年综合节能率 22.7%

8.1 项目概述

8.1.1 建筑概况

上海震旦国际大楼是2003年陆家嘴地区最先开盘的高品质5A甲级智能化办公楼，荣获上海市优质建筑工程“白玉兰奖”以及国家优质建筑工程“鲁班奖”，成为黄浦江沿岸的标志性宏伟建筑之一。该楼建筑面积102517m^2，其中地上面积82517m^2，地下面积20000m^2，空调面积约为100000m^2，建筑类型为钢结构加玻璃幕墙。总建筑高度为180m，主楼共37层、副楼6层、地下3层，于2003年竣工投入使用，主要用于商务办公。

8.1.2 用能系统概况

8.1.2.1 空调系统

空调系统冷源由1台开利RT800离心式制冷机、2台开利RT500离心式制冷机，2台RAW080蒸汽吸收式溴化锂制冷机、1台CBW700250150燃气蒸汽锅炉和2台CBW700250150燃气蒸汽锅炉以及空调箱和风机盘管组成。空调制冷主机、冷水泵如图8-1和图8-2所示。

大楼空调系统划分为高低区，其中低区为一~二十层，高区为二十一~三十七层；大楼的设备层有地下三层、M1（十九层）、M2（三十层）和R1（三十八层）。设备统计见表8-1。

图8-1 空调制冷主机

图 8-2　空调系统水泵外观

空调系统设备表　　表 8-1

编号	设备	数量（台）	位置
1	离心制冷机	3	地下三层
2	溴化锂制冷机	2	地下三层
3	一次冷水泵	5	地下三层
4	二次冷水泵	6	地下三层
5	三次冷水泵	9	地下三层、M1、M2
6	冷却水泵	8	地下三层
7	冷却塔	5	辅楼屋顶
8	板式换热器	6	地下三层、M1、M2
9	蒸汽锅炉	3	地下三层
10	管壳式换热器	6	地下三层、M1、M2
11	热水泵	9	地下三层、M1、M2

空调末端空气处理设备系统包括风机盘管系统、全空气空调机组、新风机组。其中风机盘管共 1500 台，分别在各楼层公共区域和各租户办公区域等。全空气系统和新风机组分布在 M1 和 M2 设备层。末端设备采用柜式空调处理机组，采用上送上回或上送中回的方式对室内进行空调调节。

空调系统现状分析如下：

（1）制冷机房主机启停和台数控制主要依靠工人的经验进行操作，无法保证系统整体在高效工况下运行。

（2）电制冷主机使用年数较长，冷凝器结垢影响换热效果。

（3）冷却塔已经安装运行 10 年，填料基本失效，布水器存在布水分水不均的现象。

（4）空调系统在当前运行中存在部分区域供冷不足的情况，必须加开水泵才能满足末端需求；冷水泵全部开启时，膨胀水箱存在溢水等问题，系统各支路压力存在不平衡的问题，导致空调系统能耗较高。

（5）空调制冷系统均为定流量运行，在部分负荷需求工况，配套的冷水泵、冷却水泵、冷却塔均采用定流量工况运行。

（6）新风空调箱依靠人员启停控制。

上述一系列问题，造成空调系统用能的极大浪费。

8.1.2.2　照明系统

目前大楼室内照明系统中灯具大部分是格栅灯、筒灯、支架灯、白炽灯、斗胆灯、卤素灯等传统灯具（见图 8-3），且使用年限较长。照明灯具依昼夜变更时间适当调整开关灯时间，下班后办公室全部关灯，做到人走灯灭。

图 8-3　室内照明图

8.1.2.3　生活热水系统

大楼一～三十七层均设有小型电热水器，每层 3 台，主要分布在每层租户的茶水间和卫生间，供应员工冬季洗手等生活热水，楼层公共区域未设置电热水器。

8.1.2.4　变配电系统

震旦国际大楼属超高层建筑，用电负荷等级为一级，由两条独立的 10kV 高压供电。大楼共有 4 台变压器，每台容量为 2500kVA，供电总容量为 10000kVA。其中变压器的功率因数为 0.95。为保证大楼应急用电，安装了 2 台柴油发电机，保证大楼的标准契约电限额值为单台变压器 2000kVA，每月会根据往年用电和上月用电情况，对契约电限额值进行调整。

8.1.2.5　能耗监测系统

大楼在各区域设置了相应的能耗计量表具，但无各系统和主要耗能设备的能耗计量，无法清晰了解建筑的主要能耗构成，无法掌握能耗使用的薄弱环节。

8.1.3　节能潜力评估

根据震旦国际大楼的用能现状可知，该建筑暖通空调系统（主机、冷却塔、输配变频系统、新风系统）、照明系统及管理等方面均具有节能改造的空间。根据测算，通过一系列节能措施，改造后震旦国际大楼年的节能量折合标准煤约 1098.1t。

8.2 合同能源管理实施方案的制定

8.2.1 总体方案的制定

震旦国际大楼属于高档办公楼，虽然其用能系统庞大，但其用能结构相对简单，主要为满足办公所需的空调、照明能耗。针对该项目节能的总体思路为实现供能均衡，满足实际用能需求，减少供能冗余，提高能源利用效率，达到节能目的。在技术措施上主要为对空调系统包含主机群控改造、冷凝器在线清洗改造、空调系统水力平衡调试、更换高效冷却塔填料、空调输配系统加装平衡阀、进行水利平衡调节、空调新风系统改造，实现按需供冷（热）；对照明系统进行高效 LED 灯具改造。

8.2.2 各系统实施方案

8.2.2.1 主机群控改造

根据大楼的设计和运行现状，增设机房主机高效控制系统。优化控制 3 台电制冷主机以及冷却水泵、冷却塔、冷水泵启停控制。机房参数的实时监控可以让主机运行在效率高的负荷段，最大化避免主机的低效运行。优化冷水供水水温：过渡季节可以适当提高冷水供水温度，提高主机效率，同时可以降低主机开启时间。冷水机房整体优化控制示意图如图 8-4 所示。

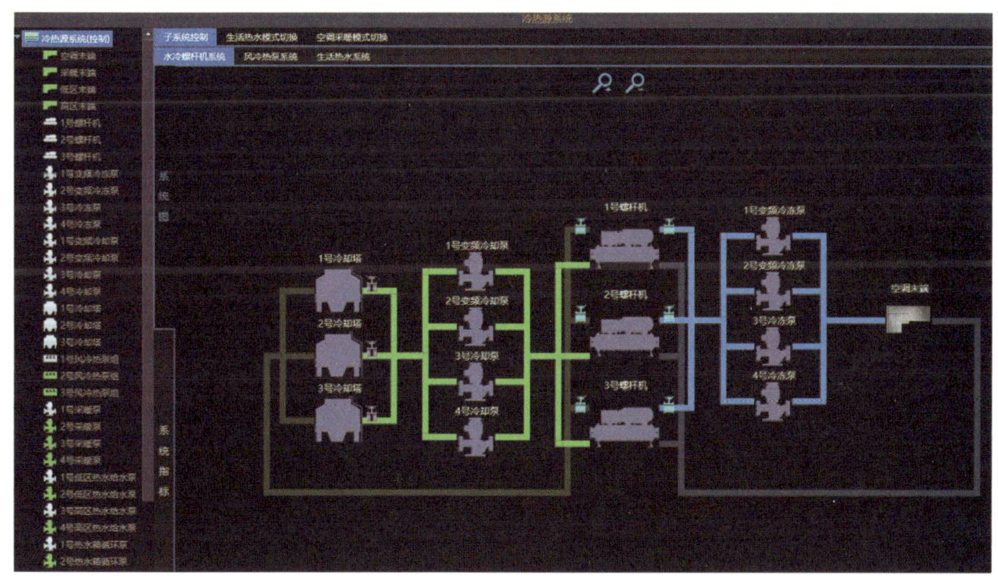

图 8-4 冷水机房整体优化控制示意图

通过高效控制系统，根据末端需求自动开启对应数量和冷量的主机，通过上述改造，减少主机的开启时间，并使主机尽可能运行在高效区间，能实现较好的节能。同时，夏季减少溴化锂主机开启时间 50%。

8.2.2.2 冷凝器在线清洗改造

离心制冷主机由于使用时间较久，冷凝器结垢现象比较严重。通过对 3 台电制冷机组的冷凝器进行在线清洗实现主机的能耗下降。采用的胶球清洗系统主要由收球单元、循环单元、电控箱等组成（见图 8–5）。系统运行时，胶球由循环泵提供动力，通过注球管路送入凝汽器冷却水入口，胶球在主循环冷却水的带动下进入凝汽器，清洗凝汽器换热管，然后经收球网从冷却水中分离，经由收球网的出球口，由循环泵吸取重新送入装球室，等待下一个循环开始。

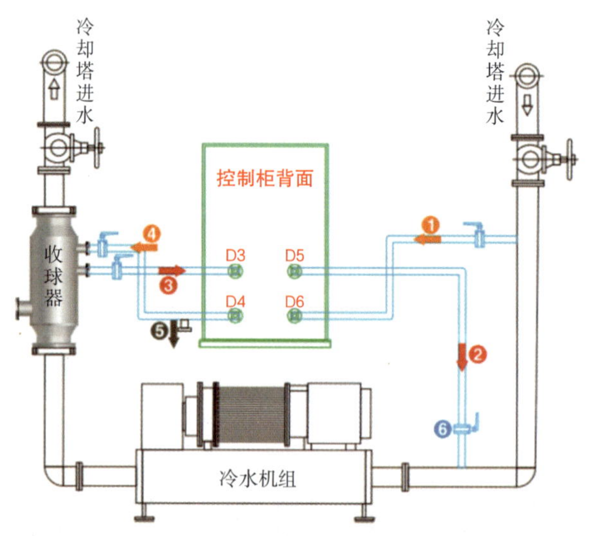

图 8–5 冷水机在线清洗系统示意图

清洗前离心式主机 *COP* 约 4.69，清洗改造后，主机 *COP* 提升到 4.94，主机制冷效率提高 6%。

8.2.2.3 空调系统水力平衡调试

由于空调系统存在水力不平衡问题，导致部分区域冷量不足，为解决这一问题，夏季必须开启全部空调制冷主机和水泵才能满足末端需求，这又导致膨胀水箱存在溢水问题。

为解决上述问题，对整个空调水系统进行了水力平衡调试，改造内容包括校核计算，管路系统改造，增设静态平衡阀、动态平衡阀和压差平衡阀（含弱电改造），增设组合式闭式膨胀水箱，补水管道与排水管道系统改造，增设电动控制阀（含强、弱电改造）等。

通过空调水系统的水力平衡调节，可以解决目前空调系统冷量分布不均的问题，进而不需要开启过多的水泵，还可以解决膨胀水箱溢水的问题，节约更多的冷量，从而实现空调系统的整体节能。

8.2.2.4 更换高效冷却塔填料

冷却塔填料基本失效，布水器存在布水分水不均的现象。将原有的冷却塔填料全部更换为冷却塔高效节能填料（见图 8-6），提高冷却塔换热效率，减少冷却塔飘逸损失，降低冷却塔风机能耗。

图 8-6 冷却塔高效节能填料

8.2.2.5 空调输配系统变频改造

空调冷水系统改造前采用一次泵、二次泵及三次泵定流量系统，均为旁通调节方式。空调冷却系统的冷却塔风机、冷却循环水泵改造前同样采用定速运行。当空调系统的负荷发生变化时，不能根据末端负荷进行调节，造成用能的大量浪费。

针对以上问题，对空调系统的 6 台 75kW 的二次泵、6 台三次泵（3 台 45kW、3 台 37kW）、2 台 45kW 的冷却泵、2 台 22kW 的冷却塔风机进行变频改造。冷水系统采用供回水温差控制为主，供回水压差控制为辅助的控制策略；同时优化冷却水泵和双速冷却水塔的控制逻辑，实现输配系统和主机整体节能的最大化。

通过上述改造，不仅可以解决空调系统部分负荷时输配系统能耗过高的问题，还能关闭部分不必要开启的输配系统设备，实现较好的节能。

8.2.2.6 空调新风系统改造

原有 13 台新风空调箱控制由人工根据经验以及室内外温湿度控制，过渡季节不能全部开启利用室外新风，冬夏季也不能根据室内需求控制新风阀开度，因此造成了过渡季节空调主机开启时间增加，极大地浪费了空调主机能耗。

新风系统的改造按需控制新风量，降低风机能耗和机房的冷量需求（见图 8-7）。通过空调新风按需控制改造，可以节省部分新风系统能耗，

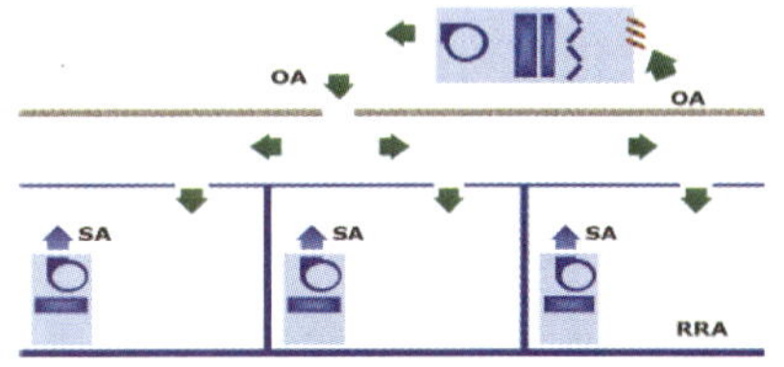

图 8-7 空调箱优化控制示意图

过渡季节充分利用新风的冷量，减少冷水机组开启需求，从而达到系统的整体节能。

8.2.2.7　高效照明改造

将大楼公共区域照明以及30个楼面的办公室照明系统中的传统灯具类更换为高效的LED灯具。

8.2.2.8　能耗监测系统改造

对大楼增设能源监测管理平台，以实际能耗数据为基础对大楼的现有用能状况进行分析，及时发现用能漏洞，通过加强用能管理实现节能。

8.3　项目合同签订与实施

上海震旦国际大楼综合节能改造项目采用的是“节能量保证型”合同能源管理模式，合同于2013年12月签订，该项目节能效益分享期为5年。项目实施进度如表8-2所示。

项目实施进度表　　表8-2

项目启动时间	2013年12月	项目竣工时间	2014年8月
编写设计方案	2013年12月~2014年1月	完成节能项目设计方案	
编写施工方案	2014年2月~2014年3月	完成项目施工方案设计、设备采购	
项目施工阶段	2014年4月~2014年7月	完成空调系统改造（包含主机群控改造、冷凝器在线清洗改造、空调系统水力平衡调试、更换高效冷却塔填料、空调水泵/冷却塔风机变频改造、空调新风系统改造）、照明系统改造、能耗监测系统改造的施工安装，设备的调试与试运行	
项目竣工验收阶段	2014年8月~2014年8月	项目竣工验收	
节能效益分享期	2014年9月~2019年8月	达到约定节能量后，按合同约定固定效益分享	

8.4　运行与效果评价

该项目属于高端写字楼，用能结构相对简单，其中空调能耗与照明能耗占有较大比例。由于大楼工作时间固定，在更换灯具后照明能耗相对稳定，空调能耗有较大的节能优化空间。为此，运营团队制定了《震旦国际大楼节能运行手册》，将空调系统的优化运行作为运行工作的重点。由于溴化锂吸收式制冷机使用年代较久，制冷效率衰减较大，通过优化运行减少和避免溴化锂制冷机的开启和使用；同时，通过运行观察合理设置制冷主机、冷却水泵、冷水泵和冷却塔的组合以及冷却水冷水供回水温差、压差、频率下限等参数，确保系统运行性能最优化。经过两年多的运行，取得了良好的运行效果。

8.4.1 节能效果的评价

通过一系列节能措施，实际改造后震旦国际大楼的年能耗较基准能耗节省电量 365.5 万 kWh，年节约天然气 4.0 万 m^3，折合标准煤 1098.1t，综合节能率为 22.7%（见表 8–3）。

年节能量汇总表（按照标准煤计算） 表 8–3

节能措施	年节能量（万 kWh）	年节省天然气（万 m^3）	节能量（tce）
空调主机群控改造	6.9	4.0	69.3
冷凝器在线清洗改造	6.6	—	19.8
空调系统水利平衡调节	8.5	—	25.5
更换高效冷却塔填料	5.7	—	17.1
空调输配系统变频改造	82.1	—	246.7
空调新风系统改造	18.4	—	55.3
高效照明改造	198.9	—	597.6
能耗监测系统改造	38.4	—	115.4
合计	365.5	—	1098.1

8.4.2 经济性分析

该合同能源管理项目的总投资额为 900 万元，整个项目的效益分享期为 5 年整。年节约费用 288 万元，投资静态回收期约为 3.1 年，具有较好的经济效益。

8.5 实施亮点与经验分享

8.5.1 实施亮点

该项目是上海东方延华节能股份有限公司第一个制定详细《节能运行管理手册》的合同能源管理项目，对不同季节、室外气象条件下制冷主机、水泵开启的组合配置以及水泵根据供回水温差、压差的设定均进行了详细调试运行和设定。通过两年多的运行实践，各项节能指标均达到甚至超过最初的设计要求。

8.5.2 经验分享

（1）对于同时存在电压缩制冷主机和燃气吸收式制冷主机的大型办公建筑，从制冷效率和经济性的角度考虑，尽可能采用电压缩制冷机制冷。在夏季高温天气，单独依靠电压缩制冷机不能满足大楼峰值制冷负荷的情况下，可提早开启电制冷主机制冷，利用管道中的存水进行蓄冷，不但可以延缓甚至避免蒸汽吸收式制冷机的开启，同时利用谷时电价，降低空调制冷的费用。

（2）对于大型建筑的空调系统，尽可能采用自动控制系统，减少由于人为操作带来的不利影响。以空调系统的开关机为例，采用自动控制系统，空调系统能够按照预先设定的时间、顺序、时间间隔或控制逻辑自动启停；如果采用人工操作，可能由于现场的因素造成设备关机的延时等问题，从而造成无谓的能耗浪费。

（3）对于固定运行时间的大型公共建筑，其供暖空调系统的开机时间往往会提前于用户上班时间，而关机时间常常与用户的下班时间相同。为了能够充分利用空调管路的余冷（热），可提前关闭制冷主机、冷却塔、冷却泵（或锅炉），仅仅留下冷水泵（供暖泵）运行，利用空调水管中的余冷（热）满足用户的制冷需求。

9

上海市嘉定区司法中心

项目外观图

建筑功能：政府办公楼

建筑面积：96140.72m^2

EPC模式：节能效益保证型

技术措施：空调系统改造、照明系统改造、太阳能热水系统、太阳能光伏发电系统、节能炉灶、电开水器智能控制、能耗监测系统、节能展示系统

实施效果：年节省标准煤 753t，年综合节能率 20.6%

9.1 项目概述

9.1.1 建筑概况

上海市嘉定区司法中心包括嘉定区法院、检察院、公安局等单位，位于上海市嘉定区工业区南区永盛路，其建筑包括公安分局办公楼、检察院办公楼、法院、会议中心和地下室，主要用于办公。该项目总建筑面积为96140.72m^2，其中地上面积为67674.2m^2，地下室建筑面积28466.52m^2。

9.1.2 用能系统概况

9.1.2.1 暖通空调系统

上海市嘉定区司法中心暖通空调系统冷热源为风冷热泵和VRV机组，均分布在公安局、检察院、法院和会议中心的屋面；公共区域空调采用空调箱；办公区域采用风机盘管加新风或者VRV室内机。表9-1为主机性能参数，图9-1和图9-2分别是风冷热泵和VRV室外机的外观照片。

司法中心风冷热泵参数 表9-1

大楼名称	位置	台数（台）	型号	制冷功率（kWh）	制热功率（kWh）
公安局	主楼	3	UWYP-240BY	194.1	222.9
	南辅楼	2	UWYP-160BY	129.4	148.6
	北辅楼	2	UWYP-140BY	112.9	125.8
检察院	主楼	2	UWYP-160BY	129.4	148.6
法院	主楼	3	UWYP-180BY	144.6	154.6
		1	UWYP-80BY	64.7	74.3
会议中心	屋面	4	UWYP-80BY	64.7	74.3

图9-1 司法中心风冷热泵

图9-2 司法中心VRV室外机

上海市嘉定区司法中心共有冷水泵 23 台，见表 9-2。改造前水泵均为定频运行，启停由物业人员凭经验控制，一般情况下，水泵开启台数多于热泵开启台数一台。

司法中心水泵统计表　　表 9-2

大楼名称	位置	台数（台）	功率（kW）	流量（m^3/h）	扬程（m）
公安局	主楼	4	18.5	120	32
	南辅楼	3	15	80	32
	北辅楼	3	15	70	32
检察院	主楼	3	11	80	28
法院	主楼	2	7.5	40	32
	主楼	3	15	90	32
会议中心	屋面	5	7.5	40	28

上海市嘉定区司法中心各大楼新风箱共计 57 个，新风集中在楼层处理，处理之后经风管分送至各个区域和房间。改造前新风箱启停靠人工控制。

9.1.2.2　生活热水系统

法院、检察院和公安局各有公共淋浴室，规定开放时间为 11：30 ～ 13：00，17：00 ～ 19：00。其中法院和检察院热水采用电加热形式，设备为电热水器，公安局为燃气加热，采用燃气热水器。7 台电热水器中 4 台常用，工作日使用时间为 8：00 ～ 18：00，周末关闭电源。

各建筑热水器具体类型、数量和功率情况如表 9-3 所示，淋浴设备如图 9-3 所示。

司法中心热水器详情　　表 9-3

所属区域	类型	数量	功率（kW）
法院	电热水器	4	36
检察院	电热水器	3	36
公安局	燃气热水器	4	48.4

图 9-3　司法中心淋浴设备

各主楼及裙楼中均安装有电开水器、小厨宝和电热水器，其中电开水器安装在每层的开水间，小厨宝安装在洗漱间，电热水器安装在检察院和法院，具体数量如表 9–4 所示，电开水器 / 热水器如图 9–4 所示。

司法中心电开水器 / 热水器统计清单 表 9–4

类型	数量（台）	功率（kW）	容量（L）
电开水器	54	6（25 台）/ 3（29 台）	60
小厨宝	78	1.2	2

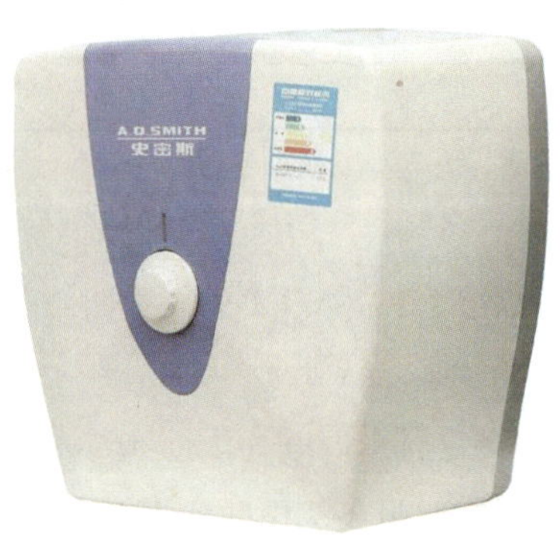

图 9–4 司法中心电开水器 / 热水器图

其中电开水器和小厨宝都是全天开启，工作日使用时间为 8：30 ~ 17：00，周末未关闭。它们均未安装定时装置，待机能耗较大，有一定的节能空间。

9.1.2.3 照明系统

照明系统覆盖的区域主要包括公安分局主辅楼、检察院主辅楼、法院主辅楼、会议中心、地下室和景观照明。主要灯具类型有 T5、T8 荧光灯、筒灯、射灯、吸顶灯和金卤灯等，其灯具如图 9–5 ~ 图 9–7 所示。

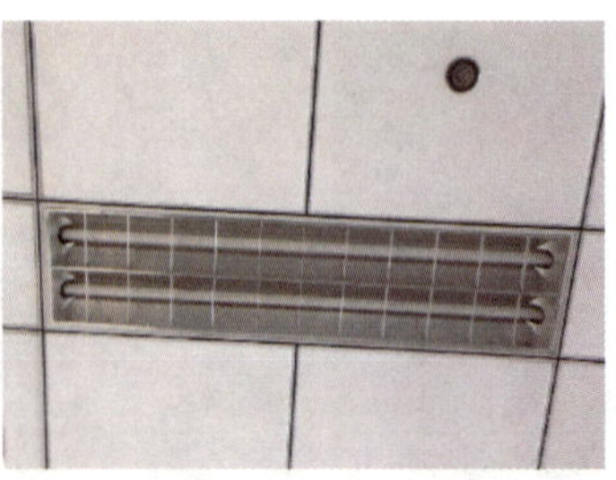

图 9–5 室内照明灯具图

图 9–6 室外照明灯具图

图 9-7 地下室照明灯具图

9.1.2.4 能耗监测平台系统

上海市嘉定区司法中心目前已安装了能耗监测平台，对各个用电支路进行计量，对电能消耗情况有详细的历史记录（从 2013 年 11 月至今），能够对整个中心的空调系统、照明系统、动力系统等的电能消耗做出详细的统计和相应的分析。

9.1.2.5 厨具设备

上海市嘉定区司法中心拥有一个公共食堂，供全中心 1200 余人就餐。食堂每月燃气用量在 6000 ~ 10000m^3 之间，冬季用量相对较高。所用燃气灶具如图 9-8 所示。

图 9-8 传统燃气灶具

9.1.3 节能潜力评估

结合上海市嘉定区司法中心用能概况的调研结果，从暖通空调系统、热水系统、照明系统、能耗监测系统、厨房燃气灶、电开水器、可再生能源利用等方面进行节能潜力的挖掘。

原有用能系统存在以下问题：

（1）空调主机、水泵均为人工启停，空调主机和水泵开启数量难以做到依据需求科学配置。

（2）原有 BA 系统失灵，无法对设备进行控制和反馈，导致部分空调箱和新风箱设备处于失控状态，造成能耗浪费。

（3）末端风机盘管和 VRV 室内机未进行控制，出现末端风机盘管和 VRV 室内机空转现象，造成能源浪费。

（4）照明系统仍旧采用传统的荧光灯、螺口筒灯、射灯、金卤灯等，照明效率不高；整个办公大楼面积大、区域多，难以做到人走灯熄，存在能源浪费。

（5）司法中心目前淋浴热水主要采用电热水器，能源利用效率低。

（6）厨房燃气灶采用传统炉灶，燃烧效率相对较低。

（7）各楼中的电开水器未安装定时装置,在非工作时间内仍然运行,造成能源浪费。

9.2 合同能源管理实施方案的制定

9.2.1 总体方案的制定

上海市嘉定区司法中心节能方案制定依据用能系统的特点而展开，对空调系统狠抓节能优化控制部分，以冷热源、输配设备、末端设备为整体，根据用能需求的变化进行智能化调节，对主机的启停，末端设备的启停均进行集中管控。对照明灯具采用LED灯具替换并采用智能灯控手段节省用电。此外，充分利用太阳能进行热水的制取和光伏发电并网。嘉定区司法中心EMC节能改造项目主要涉及以下几个方面：

（1）BA系统进行升级改造，对主机、新风机组、空调箱的启停、参数设置做到集中化控制，物业管理人员可在物业办公室进行空调设备的远端管理。

（2）对VRV、风机盘管进行末端集中控制，可集中设置面板温度的限制，并可以设置集中关机时间表。

（3）用LED照明灯具替换传统灯具、采用智能照明控制系统，不仅能节省灯具能耗，大大提高灯具使用寿，而且使得大楼照明系统管理智能化和人性化，营造良好的照明环境。

（4）安装太阳能热水系统，原电热水器作为备用，以减少建筑热水系统对电力的需求。

（5）法院楼顶敷设太阳能光伏发电装置，通过逆变器并入照明配电间，提供照明用电。

（6）采用高效节能的燃气灶，以节约燃气。

（7）安装电开水器定时装置，以减少电开水器待机能耗的浪费。

（8）加装节能展示系统。

9.2.2 各系统实施方案

9.2.2.1 空调系统改造

对现有新风机组、空调箱、冷水泵、制冷主机通过BA系统进行集散控制。在物业办公室安置一台集中控制主机，可进行参数的设置以及集中管理。

该项目涉及的BA改造及节能控制子项包括：机房群控系统、新风及空调箱集中控制系统、末端温度智能控制、水泵变频调速。

（1）机房群控系统改造

机房群控是基于数据采集、智能控制的中央优化控制管理系统（见图9-9）。它纳入了分项计量和能源管理系统的功能，对中央空调系统能进行智能化管理。可以简述为如下几点：主机与其前后阀门联动控制，避免“主机旁通”造成的能源浪费；机房群控下的风冷热泵、水泵自动开关机和加卸载策略，水泵温差变频控制策略，主机加减机自动优化控制；机房设备参数的实时监测及远程控制策略。

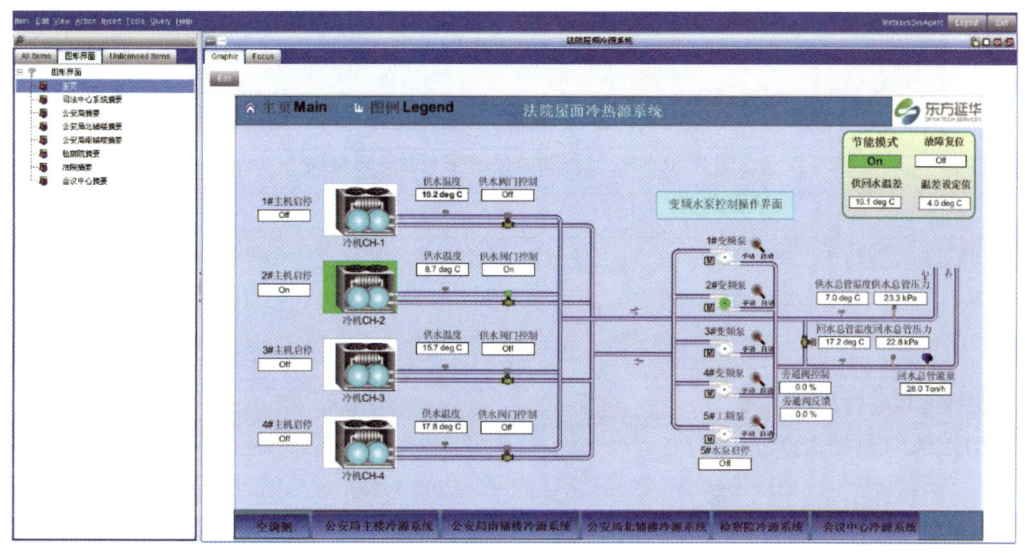

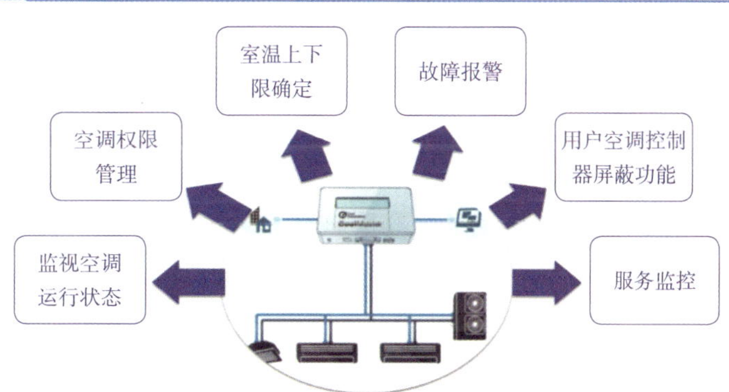

图9-9 机房群控控制界面与原理

（2）新风及空调箱系统改造

将各办公楼新风及空调箱接入BA系统，可以便捷、高效地控制新风系统和空调箱的启停，避免因人员手动操作造成的能源浪费。改造后的BA新风系统还可以实现独立参数设置（送风/回风温度、温度监测、故障监测、冬夏季模式切换等）。

新风及空调箱机组本地控制柜及 BA 控制界面如图 9-10 所示。

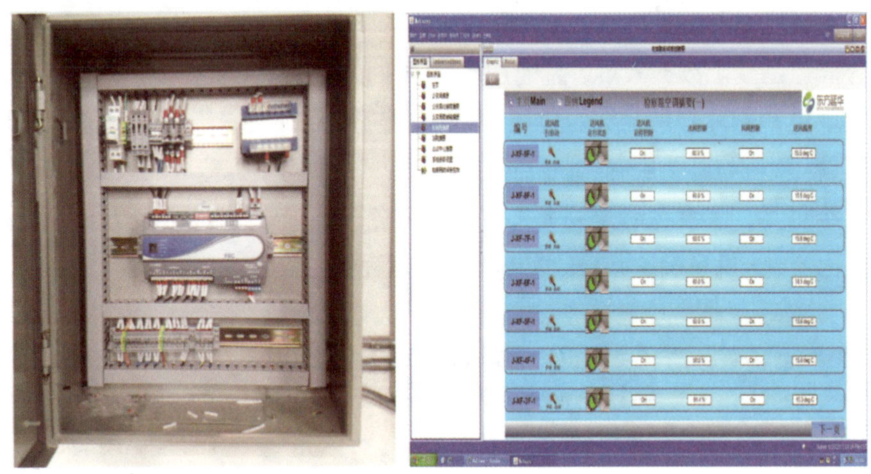

图 9-10　改造后新风系统控制设备与界面

（3）末端智能控制

上海市嘉定区司法中心空调末端主要为风机盘管和 VRV 室内机。改造方案针对 VRV 室内机、风机盘管进行群控，实现对室内机温度上下限设定和定时启停的功能，达到节能的目的。

1）风机盘管末端

在风机盘管回路上安装开关控制模块，并将控制模块统一接至各楼一层，可以实现对各楼层风机盘管电源的开关控制。风机盘管用电回路及控制模块如图 9-11 和图 9-12 所示。

图 9-11　风机盘管强电柜回路

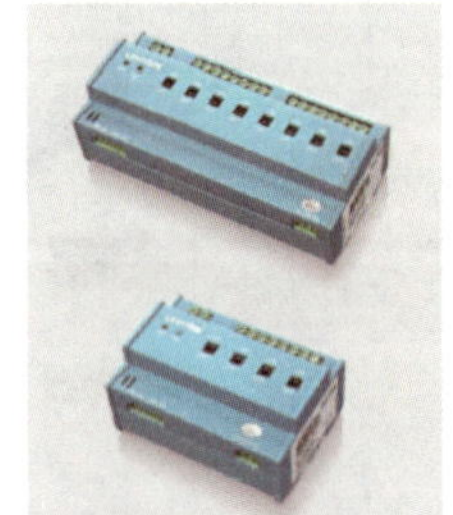

图 9-12　控制模块

2）VRV 末端

通过安装中央控制器（Central Station），可以对整栋楼的 VRV 室内机进行监视和控制，如图 9-13 所示。

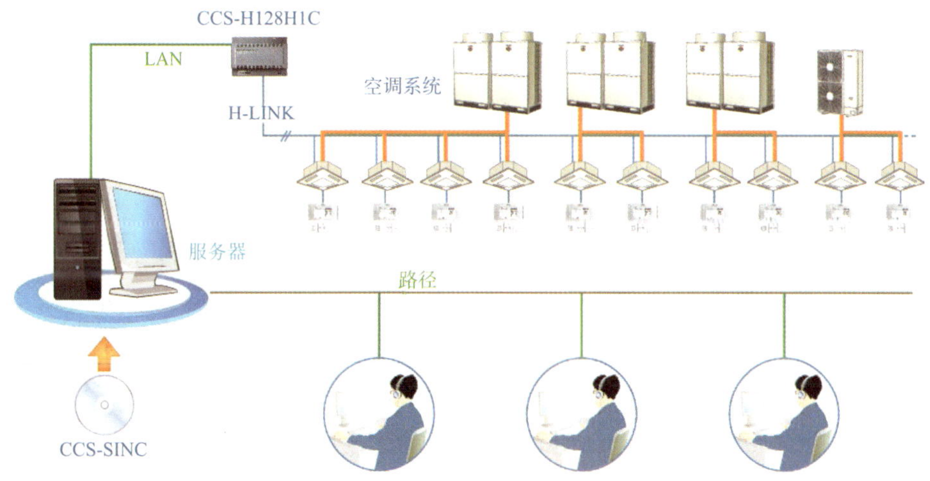

图 9-13　VRV 集中控制示意图

VRV 集中控制系统可以实现定时启停 VRV 室内机、手动开启某层楼 VRV 室内机、设定室内机面板上的温度上下限。

（4）水泵变频控制

将现有冷水泵改为变频运行，根据末端空调箱的进回水温差，调节水泵的运行频率（见图 9-14 和图 9-15）。冷水泵的变频控制是 VPF 系统的一个重要环节，其以供回水总管温差设定值作为控制目标，对冷水供水温差进行 PID 调节控制。

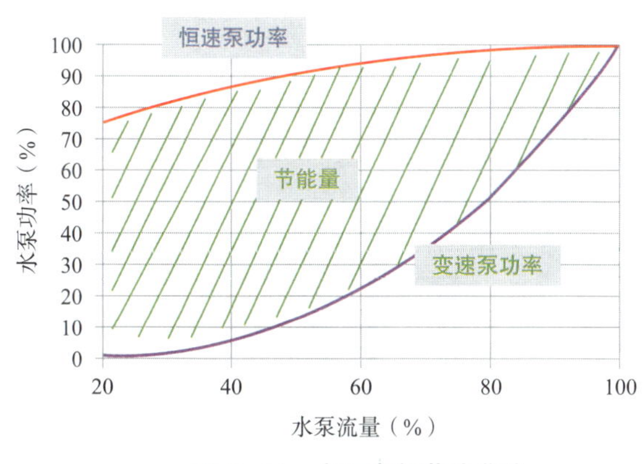

图 9-14　水泵变频节能曲线

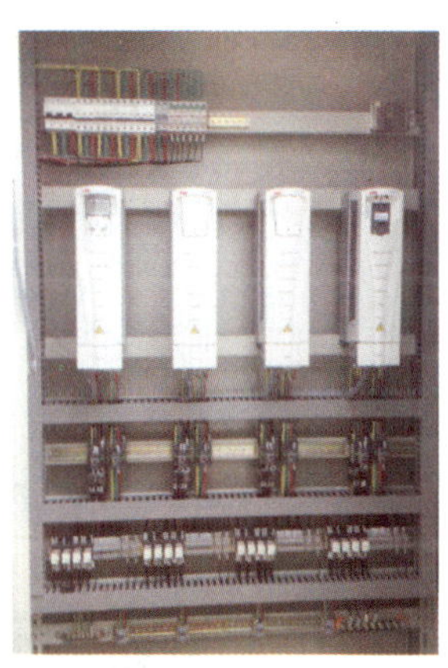

图 9-15　水泵变频器控制柜

9.2.2.2　照明系统改造方案

上海市嘉定区司法中心原有的照明灯具为荧光灯、筒灯、球泡灯、射灯、金卤灯等传统灯具，改造后更换为高效的 LED 灯具。改造区域包括嘉定司法中心地上部分的办公室、公共区域以及地下室。

通过采用智能照明控制器，对电源及其他系统进行总控、定时控制，红外感应控制、场景效果控制、照度控制（见图 9-16 和图 9-17）。针对不同区域类型特点，提出了不同的智能控制方案，实现了合理高效照明。

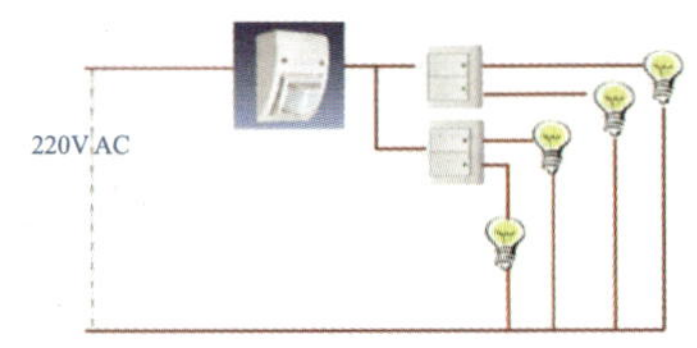

图 9-16　智能照明控制原理图

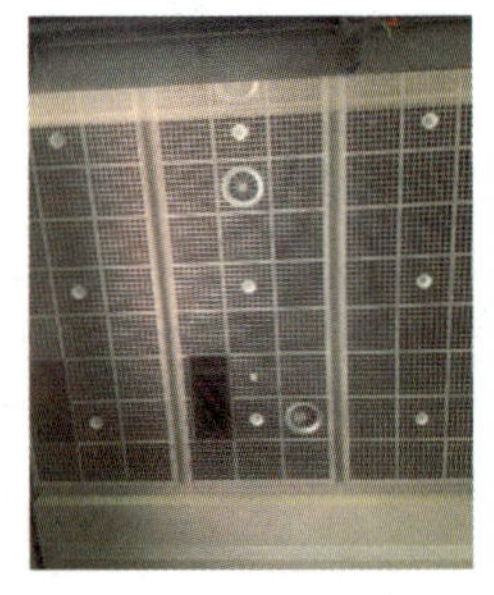

图 9-17　照度传感器图

9.2.2.3　可再生能源利用

（1）太阳能热水系统

采用玻璃真空管太阳能集热器、自控系统（包括传感器）等主要设备，将原系统改造为太阳能热水系统。太阳能集热器分别摆放于检察院主楼九层花架上和法院主楼十二层花架上，正南朝向，控制系统安放于室内适当位置（见图 9-18 ~ 图 9-20）。

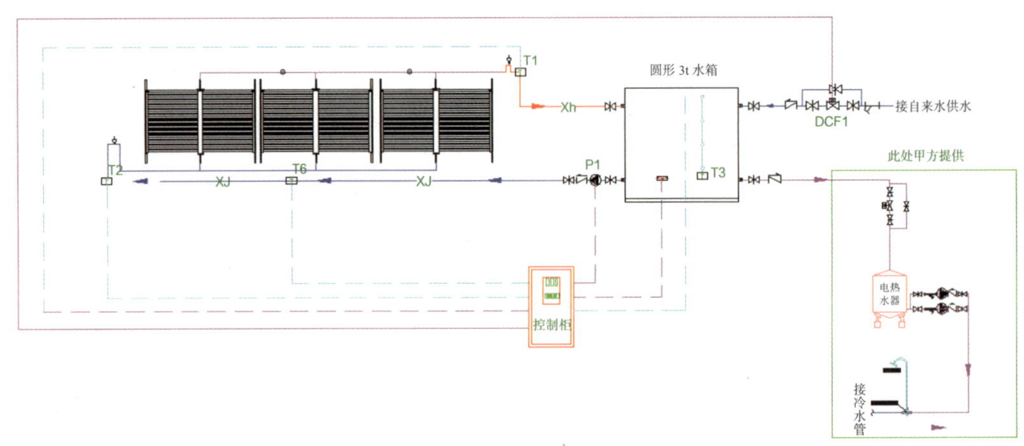

图 9-18　系统原理示意图

图 9-19　太阳能集热管

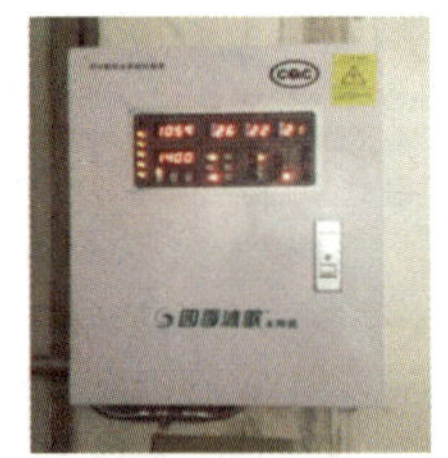

图 9-20　太阳能热水系统控制箱

改造后热水系统形式为：太阳能结合电热水器。太阳能系统把水从 15℃加热至 55℃，将水输送到电热水器中，通过电热水器中的增压设备将水输送至浴室，当天气及光照条件不满足太阳能系统的使用时，启动电热水器把水加热。

（2）太阳能光伏发电系统

在法院裙楼屋面，安装有41.6kW的太阳能光伏板，通过安装在法院辅楼屋面楼梯间内的逆变器和交直流防雷配电柜，电缆从楼梯间引至四层强电间照明配电柜，并入法院照明配电系统（见图9-21 ~图9-24）。

图9-21　法院辅楼屋顶图

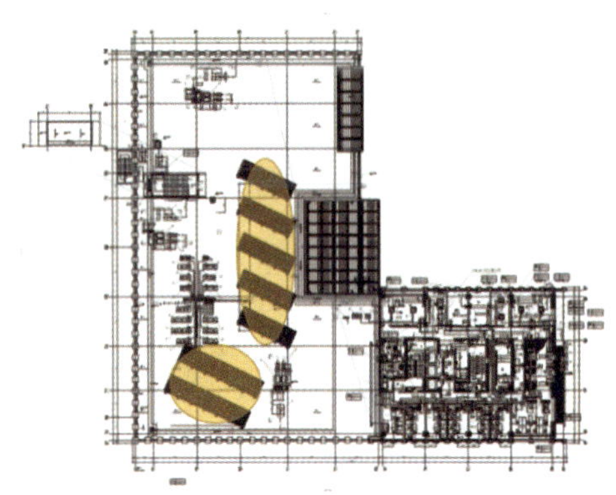

图9-22　太阳能板放置位置

图9-23　法院裙楼屋面太阳能光伏板图

图9-24　法院太阳能逆变器

9.2.2.4　节能燃气灶

将原来的月牙燃烧器及红外线燃烧器替代，配置金属纤维聚能盘及调燃节能棒（见图9-25）。红外线燃烧器采用预混式辐射加热技术，能有效改善厨房高温缺氧的环境，高效炉头技术使燃料充分燃烧，可得到近1000℃的炉面温度。

使用调燃节能棒对燃气进行活化处理，燃烧更加充分，燃料的功率和热效率增强，从而降低了能耗，大幅度减少了一氧化碳和碳氢化合物等有害气体的生成。

9.2.2.5　电开水器定时控制

针对上海市嘉定区司法中心额定加热功率较小的电开水器（3kW及6kW）及小厨宝（1.2kW）安装定时装置，如图9-26所示。

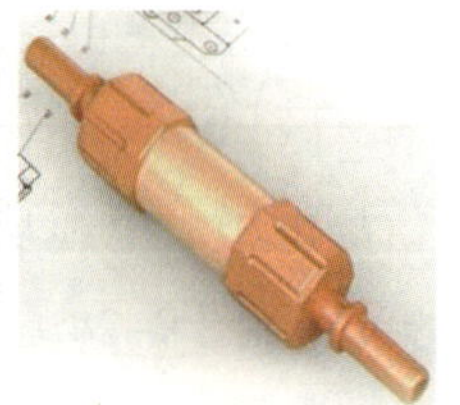

图 9-25　节能型燃气灶

图 9-26　定时器装置

定时器结构较简单，可手动设置开启及关闭电源的时间程序，且可随时调整启停时间，从而免去人为管理。根据司法中心人员实际使用习惯，明确开水器的运行时间，提前设定好开启及关闭时间，以减少待机能耗。

9.2.2.6　能耗监测系统

上海市嘉定区司法中心能耗监测系统升级后除了实现直接对中心内各条常规电力支路的能耗监控外，配合合同能源管理节能改造的实施还将实现：对被改造设备用电支路的计量，反映该设备改造前与改造后的能耗状况；帮助中心管理人员提高对设备的日常管理水平。

根据上海市嘉定区司法中心的实际情况，确定的数据采集原则为：对未来节能工作有意义的用能路径（包含 VRV 空调智能控制、智能灯控、电开水器智能控制、太阳光伏发电、太阳能热水系统、空调水泵智能调速、空调 BA 系统改造、LED 灯具改造、节能燃气灶改造）进行分类计量、收集、分析、管理（见图 9-27）。

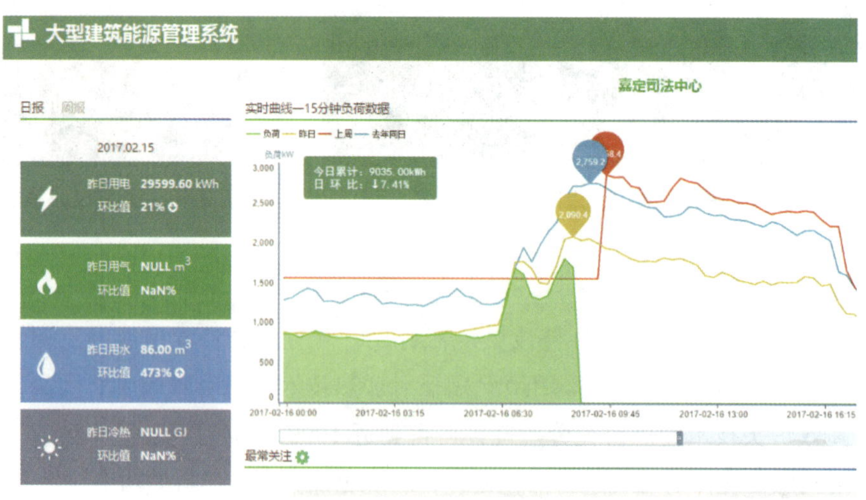

图 9-27　能源管理平台

9.2.2.7　节能展示系统

为了使中心内工作人员对建筑能耗有更为直观的感受，在司法中心人流量较大区域加装节能展示系统，通过 LCD 显示屏，将司法中心能源监测管理平台进行实时显示，同时将节能改造所取得的成果进行展示。通过这种方式可以对节能理念进行直观的宣传（见图 9–28）。

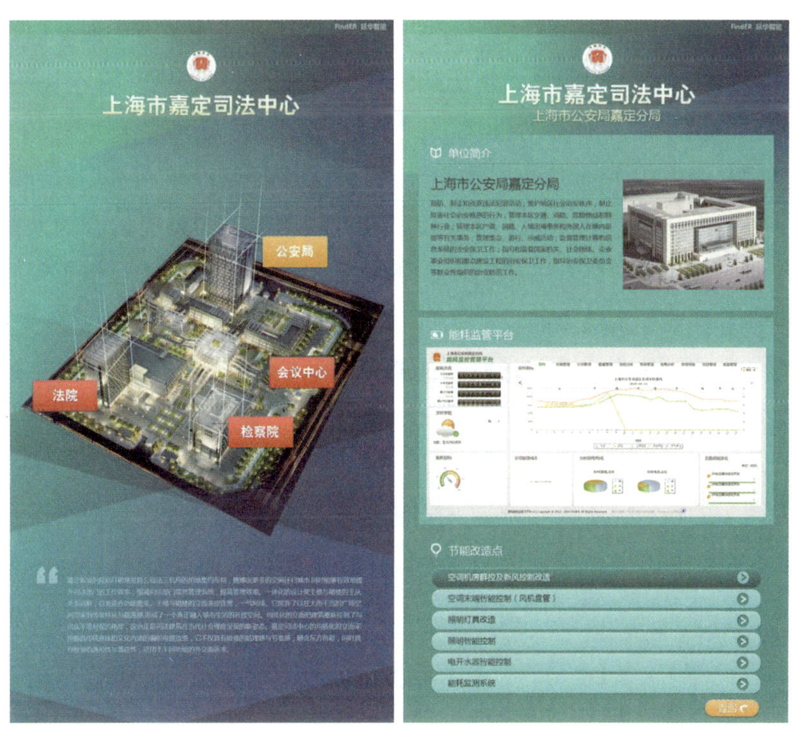

图 9–28　LCD 展示屏

9.3　项目合同的签订与实施

上海市嘉定区司法中心综合节能改造项目采用的是“节能量保证型”合同能源管理模式，合同于 2014 年 8 月签订，该项目节能效益分享期为 7 年。项目实施进度如表 9–5 所示。

项目实施进度表　　表 9–5

项目启动时间	2014 年 8 月	项目竣工时间	2015 年 4 月
编写设计方案	2014 年 8 月 ~ 2014 年 8 月	完成节能项目设计方案	
编写施工方案	2014 年 9 月 ~ 2014 年 10 月	完成项目施工方案设计	
项目施工阶段	2015 年 1 月 ~ 2015 年 3 月	完成设备采购、空调系统改造、照明系统改造、能耗监测系统改造、可再生能源利用以及其他节能系统的施工安装，设备的调试与试运行	
项目竣工验收阶段	2015 年 4 月 ~ 2015 年 4 月	项目竣工验收，并由第三方机构进行检测	
节能效益分享期	2015 年 5 月 ~ 2022 年 4 月	达到合同约定的节能量后进行分享	

9.4 运行效果与评价

上海市嘉定区司法中心改造项目的运行管理关乎改造项目节能目标的实现和节能系统的最优化运行。针对该项目的实际情况，编制了《节能运行手册》以指导节能改造项目的日常运行、故障以及紧急情况的处理。

对于暖通空调系统，有针对性地编制了参数设置表和运行操作模式：不同季节、不同室外温度范围下的主机出水水温设置、根据末端冷量及供回水温度判断主机投入数量保证，以提升主机运行效率；给定新风及空调箱温度设置表以合理调配电磁阀的开度减少冷量消耗；对主机开关机时间、不同季节新风使用方式、水泵频率参数进行策略设置可进一步减少系统用能。

对照明、光伏、热水、节能灶具、能耗监测等较为稳定的系统，后期运行阶段主要确保改造系统正常工作、对损坏 LED 灯具的更换、异常用能设备的排查等。现场安排人员进行定期的巡检工作。

经过近两年的运行，上海市嘉定去司法中心综合节能改造项目取得了良好的节能效果。

9.4.1 节能效果的评价

通过采用多种先进的节能技术，采取综合的运行措施，上海市嘉定区司法中心综合节能改造项目实现年节电量 238.5 万 kWh，节约燃气量 3 万 m^3，年综合节能量 753 吨标准煤，年综合节能率 20.6%（见表 9-6）。

司法中心节能效益汇总表　　表 9-6

改造系统	系统项目	年节电量（万 kWh）	年节能量（tce）
空调系统改造	BA 系统：机房群控	14.7	44.2
	BA 系统：新风优化控制	17.5	52.6
	BA 系统：末端智能温控	24.4	73.3
	空调水泵智能调速	29.5	88.6
照明系统改造	室内 LED 灯具改造	87.3	262.3
	室外照明改造	1.7	5.1
	地下室照明改造	35.7	107.3
	智能灯控	14.0	42.1
可再生能源利用	太阳能热水系统	5.8	17.4
	太阳能光伏发电	4.3	12.9

续表

改造系统	系统项目	年节电量（万 kWh）	年节能量（tce）
其他	节能燃气灶	3 万 m^3 天然气	36.4
	电开水器智能控制	3.6	10.8
能源监测管理	能源监测管理平台升级	—	—
汇总	共 13 项	—	753

9.4.2 经济性分析

上海市嘉定区司法中心综合节能改造项目总投资 1200 万元，年节能能耗费用 235.9 万元，静态回收期 5.1 年，具有良好的经济效益。

9.5 实施亮点与经验分享

9.5.1 实施亮点

上海市嘉定区司法中心通过优化对空调系统的控制、充分利用太阳能资源、后期的运行技术管理等工作，均极大地保证了节能效果的达成与不断提高。

（1）通过完善暖通空调 BA 控制系统，做到了对主机、水泵、末端设备的集中控制。主机阀门、主机启动、水泵启动之前进行联锁编组控制，避免主机旁通现象。同时，水泵与主机一一对应，杜绝了因人为多开水泵造成额外的能耗浪费；为保证主机投入数量与末端用能的匹配，避免多机低载现象的发生，在节能模式上采用对末端冷量及供回水温差判断主机的加机及减机，确保主机高效率运行；在末端控制方面，通过对空调箱、新风机组进行时间表和送风参数的设定，对 VRV 及风机盘管末端进行定时关机控制和温度设置限值，保证了末端的合理用能；水泵通过温差进行变频控制，与主机一起实现末端冷（热）负荷的实时调节。以上通过由冷热源、水泵、末端的整体性节能控制措施，有力保障了暖通空调系统的节能运行。

（2）充分利用太阳能资源，安装太阳能热水系统和光伏发电系统也是该项目的亮点之一。通过设置太阳能热水系统，并联至原电加热热水系统中。原来的 3 台电加热只需供电一台作为备用，年节能量达到 5.79 万 kWh，节能效果十分可观；法院楼顶安装光伏发电装置，年发电量达 4.26 万 kWh，通过逆变器直接并入大楼照明配电柜供照明系统使用。

（3）在节能项目分享运营阶段，公司技术团队实时对司法中心用能支路能耗、BA 运行参数进行诊断分析，对系统出现异常用能及时反馈给现场团队或物业部门，做到及时响应调整。通过对空调系统历史运行数据的分析，针对不同场景制定了节能运行操作模式，并对现场操作人员进行培训，保证方案的实施。前期的节能方案需要在后期的运行规律中不断完善和提高，经验的总结、技术手段的持续支持确保了节能量在项目后期效益阶段成功的实现。

（4）在节能宣传方面，为了使司法中心内工作人员对建筑能耗有更为直观的感受，在司法中心人流量较大区域加装节能改造示范项目展示系统，将司法中心能源监测管理平台进行实时显示，同时将节能改造所取得的成果进行展示，通过这种方式可以对节能理念进行直观的宣传。

9.5.2 经验分享

上海市嘉定区司法中心合同能源管理项目从实际能源使用现状着手，对空调系统实施群控改造、对空调水系统实施变频改造、对新风系统实施节能调节运行、对照明系统实施 LED 灯具改造及智能照明技术改造、增设太阳能热水系统、节能炉灶、电开水器智能控制等。

改造项目通过完善 BA 管理平台，实施设备运行的智能化管理。通过升级能源监测管理平台，帮助中心管理人员提高对目标设备的日常管理，依据平台提供的监测数据做出相应节能诊断，得出切实可行的节能办法，包括管理节能、技术节能和公示行为节能，降低中心的能源消耗，提高中心的运行管理水平，减少运行管理费用等。

项目改造后期运营阶段，针对改造系统及现有系统运行特点编写了节能运行管理手册，以保障节能效果的顺利实现。

10

滨州国网供电公司调度中心大楼

»» 项目外观图 ««

建筑功能：办公楼

建筑面积：20 万 m^2

EPC模式：能源托管型

技术措施：空调系统改造、围护结构保温改造、增设能耗监测系统

实施效果：年能耗较基准能耗节省标准煤 991.9t，减少碳排量 2479.8t，综合节能率为 24.2%

10.1 项目概述

10.1.1 建筑概况

滨州国网供电公司调度中心大楼建筑面积逾 20 万 m^2，约 50m 高，其中地上 15 层，地下 1 层，于 1994 年建设，1995 年正式投入运营，主要作为电力调度和办公使用。

办公大楼的外墙为普通混凝土，无保温措施，存在很大冷热量损耗。2014 年供电公司将辅楼北面墙体添加保温材料，但办公主楼和辅楼南外墙还未改造。

10.1.2 用能系统概况

大楼的空调系统冷源为 3 台开利活塞式冷水机组，主要为满足办公大楼提供夏季空调需求。热源为 3 台电锅炉，其中一台锅炉供办公大楼供暖，两台供生活建筑的供暖。冷热源设备从 1994 年开始运行，能效衰减严重，已不能满足建筑冷热量供给需求。

输配系统包括 3 台冷（热）水泵，3 台生活建筑供暖泵和 3 台冷却水泵。水泵于 2014 年进行过更换，所有水泵工频运行。空调冷却塔 1 台，2010 年进行过更换改造，但冷却塔填料有明显结垢现象，影响冷却塔效率。供冷（热）设备清单如表 10–1 所示。

现场供冷（热）设备清单 表 10–1

系统	设备名称	数量（台）	流量（m^3/h）	扬程（m）	额定功率（kW）
供冷系统	活塞式冷水机组	3	—	—	680.5
供热系统	电锅炉	3	—	—	750
输配系统	冷（热）水泵	3	246	38.5	45
	住宅供暖泵	3	246	38.5	45
	冷却水泵	3	200	32	30
冷却系统	冷却塔	1	—	—	22.5

10.1.3 节能潜力评估

通过对该项目的现场勘查，认为该项目存在以下节能空间：

（1）原有的供暖制冷设备老旧，效率低下或存在故障，造成能源浪费。

（2）建筑的外围护结构保温性能差，存在冷热量流失现象，造成能源浪费。

可通过对建筑外围护结构、供暖空调系统及其附属设施进行改造，并安装能耗监测系统，实现建筑能耗的降低。

10.2 合同能源管理实施方案的制定

10.2.1 总体方案的制定

该项目采用自主研发的建筑节能改造解决方案综合评估模型技术，基于层次分析法，从节能效果、经济效益、系统协调性等方面分析，通过提高用能效率、降低能耗损失、加强用能管理等技术措施，对供暖空调系统、围护结构保温系统实施改造并安装能耗监测管理系统。

10.2.2 各系统实施方案

10.2.2.1 供暖空调系统改造

（1）冷热源改造

采用 3 台高效的螺杆式冷水机组替换原有 3 台活塞式冷水机组，在原活塞式冷水机组位置上安装新增螺杆式水冷冷水机组（见图 10–1）。

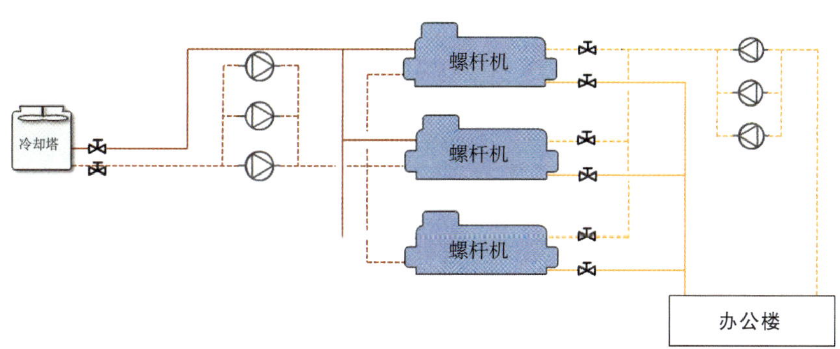

图 10–1 改造后螺杆机组

采用 2 台涡旋空气源热泵机组对 1 台电锅炉进行替换，将空气源热泵机组并联接入原锅炉供热系统供回水总管，原锅炉设备可作为辅助热源，在极端天气下保障供热安全（见图 10–2）。空气源热泵机组在夏季也可与制冷机组联合供冷。

（2）控制系统改造

增加空调系统群控，能够同时对冷源系统和输配系统进行监控，主机、水泵、冷却塔之间联动控制，根据温差判断系统负载自动加卸载主机，根据温差控制水泵的变频，根据压差控制旁通阀。

（3）输配管网及水处理系统改造

输配及水处理系统：更换平衡阀降低输送管路的散热损失和阻力损失（见图 10–3）。增加水处理装置以保证冷却水水质满足相关标准要求（见图 10–4）。对冷却塔填料进

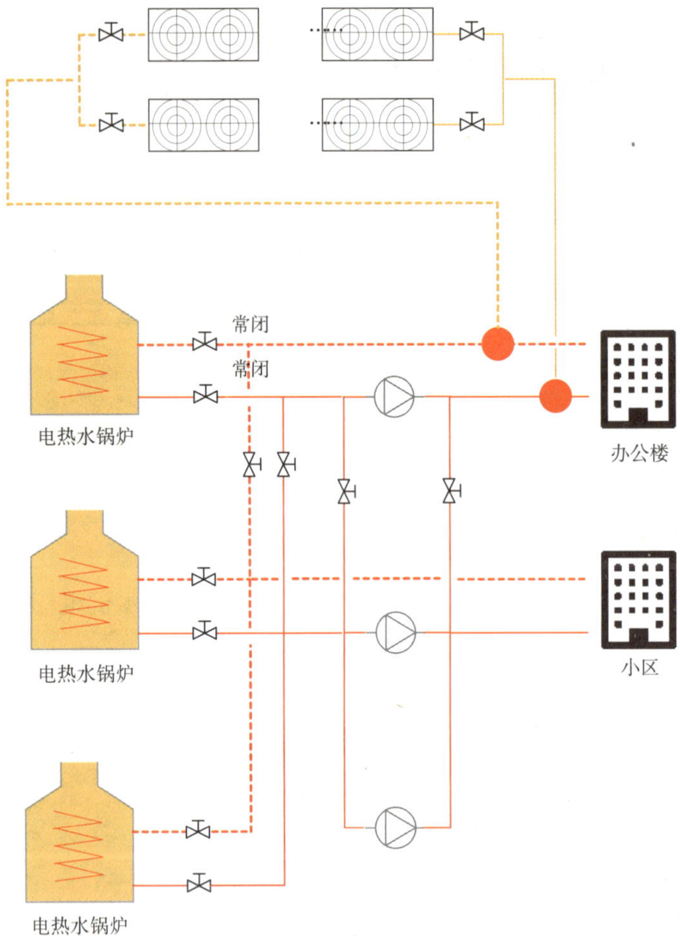

图 10-2 改造后办公楼供暖系统图

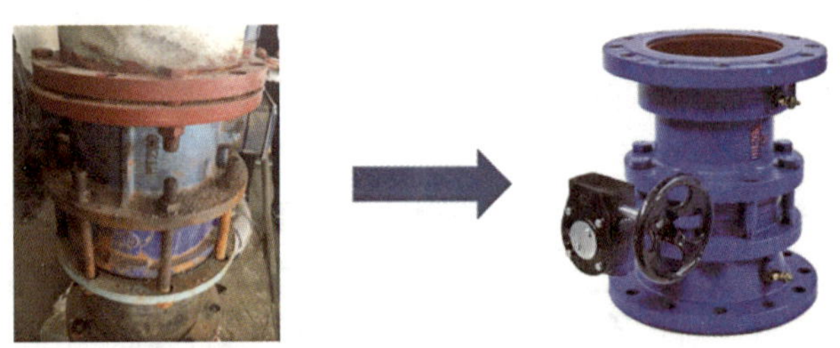

图 10-3 空调管路平衡阀改造

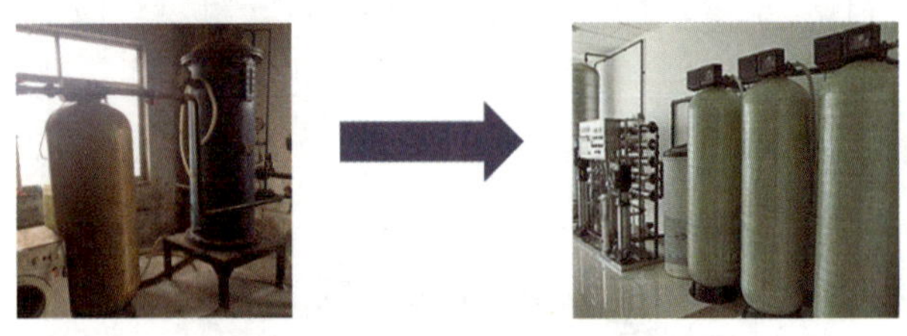

图 10-4 水处理装置改造

行更换，强化冷却塔换热，提升主机运行效率，降低制冷系统能耗（见图 10-5）。制冷机组增加小球清洗装置，保持机组能效维持在较高水平。

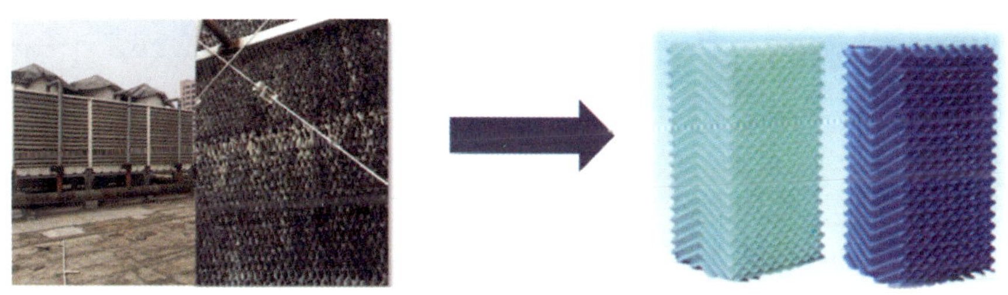

图 10-5　冷却塔填料更换改造

10.2.2.2　围护结构保温改造

采用外墙外保温的方式对原建筑围护结构进行改造。方法是在原外墙上涂抹聚苯颗粒保温砂浆，然后做带加强网的抹灰保护层，最后做装饰面层。该方法建筑外墙内外保温均可使用，施工方便，且保温效果和隔声性、防火性较好，整体效果美观大方（见图 10-6）。

图 10-6　改造后的围护结构

10.2.2.3　加装能耗监测管理系统

电力公司配电间共设置了 3 台变压器。调度中心配电室共有 25 条支路，第三配电室共有 37 条支路（包括冷热水泵、冷却水泵，冷却塔和住宅供暖泵）。加装能耗监测管理系统对重点用电支路（包含空调、新风机、电梯、信息机房、照明、插座、办公设备）进行计量（见图 10-7）。

图 10-7　能耗监测管理平台界面

10.3　项目合同的签订与实施

滨州国网供电公司调度中心大楼综合节能改造项目采用的是“能源托管”合同能源管理模式，合同于 2014 年 12 月签订，该项目节能效益分享期为 5 年。项目实施进度如表 10-2 所示。

项目实施进度表　　表 10-2

时间	阶段	内容
2014 年 12 月	立项	项目立项
2015 年 1 月	方案阶段	现场勘查
		能源审计
		方案制定
2015 年 5 月	施工阶段	施工、调试
2015 年 7 月	运营阶段	项目运营、效益分享

10.4　运行与效果评价

该项目整体改造思路相对简单，即采用高效设备替代原来老旧设备，提高能源利用率，减少能耗损失，加强用能管理。按照既定的方式运行，取得了良好的节能效果。

10.4.1 节能效果的评价

该项目涉及供暖空调系统改造、围护结构保温改造、能耗监测管理系统，共三项。按照招标文件给出的基准能耗值，预测节能量计算如表 10–3 所示。

各项改造措施节能量统计表 表 10–3

序号	节能方向	节能措施	年节能量（万 kWh）	年节省标准煤（tce）
1	冷热源升级	安装空气源热泵替换电锅炉	222.0	777.0
		螺杆式冷水机组替换原活塞式冷水机组		
		输配及冷却系统智能调速		
		输送管路更新		
		冷却塔强化换热		
2	外墙保温	外墙保温隔热改造	26.2	91.7
3	能耗监测管理系统	通过加强运行管理，降低建筑电耗	35.2	123.2
合计		—	283.4	991.9

10.4.2 经济性分析

该项目通过对冷热源及其输配系统、围护结构、能耗监管三个系统进行节能改造，共计投资 1065.5 万元，年节费 225.0 万元，投资回收期约 4.7 年。

10.5 实施亮点与经验分享

10.5.1 实施亮点

该项目使用空气源热泵代替电锅炉供暖。空气源热泵系统利用可再生能源，冬天，空气源热泵使用较少的电量进行制热，对建筑物供暖、供热水；夏季可以进行制冷。总之，采用空气源热泵替代电锅炉供暖，节能的空间很大，经济效益可观，同时具有显著的环境效益和社会效益。

10.5.2 经验分享

通过该项目节能改造的实施，主要有以下几点体会：

（1）对于由于各种原因而存在的电锅炉的供暖系统，其能源效率较低，无论采用热泵供暖还是燃气锅炉供暖，相对于电锅炉供暖均具有更高的能源利用效率和经济效益。

（2）该项目采用能源托管模式，业主方不需要配备高技术水平的运维团队，全权委托节能公司进行能源管理，节省了运营成本。节能公司针对建筑使用情况优化运行策略，为业主提供绿色化设施运营管理服务，尽可能达到节能效益最大化。

11

上海市嘉定区南翔医院

项目外观图

建筑功能：二级综合性医院

建筑面积：32 万 m^2

EPC模式：节能效益分享型

技术措施：空调系统改造、热水系统改造、照明系统改造、增设能耗监测系统、BIM 技术应用、节能展示系统

实施效果：预计年能耗较基准能耗节省标准煤 347.9t，减少碳排量 869.8t，综合节能率为 23.7%

11.1 项目概述

11.1.1 建筑概况

上海市嘉定区南翔医院（以下简称南翔医院）位于上海市嘉定区南翔镇众仁路495号，总建筑面积约为3.2万m^2，核定床位325张，绿地面积占50.8%；医院现有在职职工520余人；医院设有21个临床医技科室，全年门急诊病人近70万人次，年收治病人1万余人次，年手术台次5000余台次。南翔医院总共有5栋大楼，按主要功能分区如下：门诊/急诊、住院部、发热门诊、行政楼、体检中心。

11.1.2 用能系统概况

医院的能源类型主要有水、电、天然气，用能系统有供热系统、空调系统、照明系统、变配电系统、厨房设备等。

11.1.2.1 供热系统

（1）供暖

南翔医院配置2台法罗力天然气热水锅炉用于全院冬季供暖，天然气热水锅炉放置在住院部地下一层锅炉房，锅炉供暖系统采用热水锅炉结合板式换热器的方式给末端供暖，天然气热水锅炉平时一用一备，供暖运行时间约4个月，全天24h开启，根据经验设置末端供暖温度45℃，热源详细参数见表11-1。

热源主要设备参数 表11-1

设备名称	品牌	型号规格	数量（台）	制热量（kW）	备注
天然气热水锅炉	法罗力	PO2104	2	2100	1用1备

（2）热水

南翔医院生活用水由市政直供，生活热水由医院燃气热水锅炉结合容积式换热器供应，生活热水分三个区供应，分别是地下一层、二~三层、五~六层、食堂及后勤，医院生活热水定时供应，分别是早上1h、晚上2h，由物业人员手动开启和关闭，生活热水供应温度为55℃。生活热水容积式换热器如图11-1所示。

图11-1 生活热水容积式换热器

11.1.2.2 空调系统

（1）冷源

南翔医院空调冷源设备配置 3 台麦克维尔螺杆冷水机，放置在住院部地下一层冷水机房，主要负责全院制冷。螺杆冷水机平时 1 用 2 备，年运行时间约 4 个月，全天 24h 开启，根据负荷自动加卸载。根据经验设定机组出水温度，夏季通常设置出水温度为 13℃，冷源详细参数见表 11-2。

冷源主要设备参数　　表 11-2

设备名称	品牌	型号规格	数量（台）	制冷量（kW）	电功率（kW）	备注
螺杆式冷水机	麦克维尔	PFS370.3	3	1304	220	1 用 2 备

（2）输配系统

南翔医院制冷输配系统配置 4 台冷水泵，3 用 1 备，工频运行；4 台冷却水泵，3 用 1 备，工频运行；3 台横流式填料冷却塔，工频运行；水泵和冷却塔基本和主机保持一一对应开启，在极热天气下会增加水泵和冷却塔的开启台数。冷水泵、冷却水泵、冷却塔如图 11-2 和图 11-3 所示。

图 11-2　冷水泵、冷却水泵

图 11-3　冷却塔

南翔医院供暖输配系统配置 4 台热水循环泵，3 用 1 备，工频运行；3 台板式换热器。水泵和板式换热器一一对应开启，极寒天气下会增加水泵和板式换热器的开启台数，热水循环泵和板式换热器如图 11-4 所示。输配系统的设备清单见表 11-3。

图 11-4 热水循环泵、板式换热器

系统主要设备参数 表 11-3

设备	品牌	型号规格	数量（台）
冷冻水泵	凯泉	P=45kW；Q=101m^3/h；H=21m	4
冷却水泵	凯泉	P=45kW；Q=96m^3/h；H=30m	4
热水循环泵	凯泉	P=45kW；Q=80m^3/h；H=25m	4
冷却塔	—	P=15kW；Q=350m^3/h	3
板式换热器	—	Q_e=1164kW	3

11.1.2.3 照明系统

南翔医院主要灯具类型为格栅荧光灯、嵌入式节能筒灯和 T8 支架灯，并有部分荧光灯带、造型灯、白炽灯，消防走道采用吸顶灯。

11.1.2.4 变配电系统

南翔医院变配电系统有 2 条 10kV 市电进线，1 个配电室。配电室有两台变压器，单台装机容量 1600kVA，分 4 个区域供电。

11.1.2.5 厨房设备

南翔医院有一个外包的厨房，厨房主要用能形式为电力和天然气。其中天然气设备有 6 台大锅灶、2 台低汤炉、2 台蒸箱、4 台炒灶，电气设备有抽油烟机、冷柜等。

11.1.3 节能潜力评估

根据医院的用能状况，采用 OTI 法，即观察 / 交流—测试 / 计算—判断 / 解决，在保证舒适度的前提下，对医院进行全面的节能诊断，判断医院存在的节能潜力如下：

（1）空调系统主机群控设备瘫痪，冷水泵、冷却水泵选型偏大，无变频装置，可对其进行节能改造。

（2）该医院供暖及生活热水系统采用传统能源，能源利用效率相对较低。

（3）照明系统灯具仍然采用传统灯具，存在较大能源浪费。

（4）能耗监测方面，无分项能耗计量，无法对医院用能进行全面把握和有效管理。

（5）在用能管理方面，医院仍然依靠现场工人的经验进行操作，智能化和自动化程度较低，科学化的用能管理操作有待于进一步提高。

综上，通过节能技术改造和运行管理完善等，具有较大的节能空间。

11.2 合同能源管理实施方案的制定

11.2.1 总体方案的制定

基于南翔医院的用能状况，其综合节能改造思路是从提高能源的利用效率、提升系统的智能自动化程度、加强管理、进行节能宣传等方面着手，节能改造方案主要涵盖以下 6 个子项：

（1）空气源热泵供暖系统（利用空气源空调热泵代替原有锅炉结合板式换热器的供暖方式），机房群控结合水泵变频系统（将冷水机房水泵变频和主机群控联动起来）。

（2）空气源热泵热水系统（利用空气源热水热泵代替原来锅炉结合容积式换热器）。

（3）LED 照明系统（将传统的照明灯具替换为 LED 灯具）。

（4）能耗监测系统（计量所有低压配电间的有效支路）。

（5）BIM 技术应用（BIM 技术给前期设计、施工、运维作指导）。

（6）节能展示系统（利用节能展示系统对节能改造的过程和成果进行展示）。

11.2.2 各系统实施方案

11.2.2.1 空调系统

（1）供暖

南翔医院空气源热泵供暖系统改造，新增 15 台额定制热量为 132kW 的风冷热泵机组承担供暖季节空调供暖，原先的锅炉系统作为极端天气的备用，两个系统互相备用，保证医院供暖的安全。新增的风冷热泵放置在门诊楼的屋顶上，采用 3 组一组 5 台风冷热泵的布置方式，屋顶热水总管通过住院楼四层的墙体进入管道井和原先锅炉系统供暖的板式换热器侧出水相连接，供暖循环水泵采用原先热水循环泵，新增空气源热泵的配电采用配电房的备用回路。

（2）机房群控结合水泵变频系统

虽然冷源部分已经安装了基本的群控设备，但基本处于瘫痪状态。运营人员不能及时了解冷热源系统的设备运行状态，也不能便捷地对设备运行做出调整，例如冷却塔风机的启停必须由操作人员在八层就地控制，一方面增加人员的劳动强度，另一方面也无法及时加减设备。另外，因为设备故障不能被及时发现，设备的安全运行和末端舒适度也得不到保障。

现场实地调研发现，因水泵选型偏大，空调一次进回水温差较小，流量部分有一定的富余，冷热源一次泵和冷却水泵只能以工频方式运行，冷热源系统仅仅依靠主机自身的负荷调整程序被动适应末端负荷的波动。并且由于供应侧无法直接探测用户侧的需求情况，它的负荷调节有明显的滞后和偏差（直到末端明显偏冷了主机才开始卸载，而且即使减载了末端仍然长时间停留在偏冷状态）。

本次改造将新增机房群控系统和水泵变频系统，群控系统软件架构如图 11-5 所示。

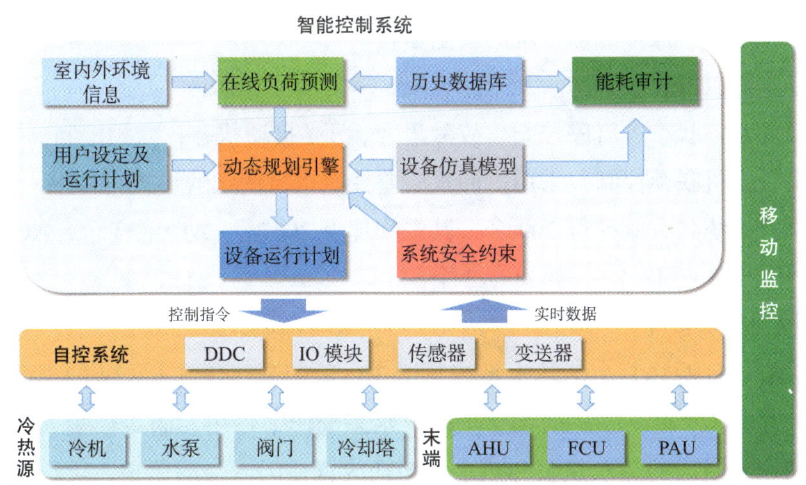

图 11-5　群控系统软件架构图

1）群控系统

通过利用现有设备，提供真正实用的集控制、优化与能效审计于一体的新一代冷热源智能控制系统，在最小化用户投资的前提下实现中央空调冷热源群控的信息化、自动化和智能化。降低运行人员的劳动强度、保证空调服务质量，并进一步降低中央空调的运行和维护成本。群控系统硬件架构如图 11-6 所示。

图 11-6　群控系统硬件架构图

2）水泵变频

新增2台冷水泵变频器，接入群控系统，根据主机的开启台数和冷水的供回水温差进行PID调节，设置水泵工作频率，同时根据系统的供回水压差设置水泵的最低频率下限，保护冷水系统的安全运行。

新增2台冷却水泵变频器，接入群控系统中，根据主机的开启台数、冷却塔的开启台数和冷却水的供回水温差进行PID调节，同时根据主机的最小冷却水流量设置水泵的最低频率下限，保护冷却系统的安全运行。

水泵变频控制内容如下：

①水泵的启停状态、启停控制、故障报警、手/自动状态，变频控制、变频反馈；

②水泵、主机联锁控制，采用供回水温差控制水泵变频的形式，并接入群控系统。

本次群控系统共有监控点209个，其中物理点206点（AI点23个，AO点13个，DI点122个，DO点48个），接口点3个。

11.2.2.2 热水系统

南翔医院空气源热泵生活热水系统新增3台额定制热量为65kW的单循环热水热泵和50t生活热水水箱，原先的锅炉生活热水系统作为备用，满足极端天气情况下的医院用水安全。新增的热水热泵和热水水箱均放置在门诊楼的屋顶，管道通过住院部四层管道井进入地下室生活热水房容积式换热器冷水补水口。屋顶新增1组变频恒压泵和2台热水循环泵。配电容量和开关来自低压配电房备用回路。空气源热泵热水系统如图11–7所示。

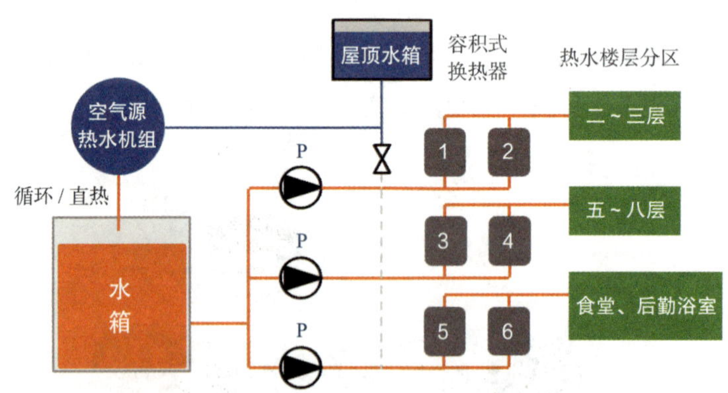

图11–7 风冷热泵生活热水系统改造

11.2.2.3 照明系统

南翔医院原有主要灯具类型为格栅荧光灯和嵌入式节能筒灯，以及部分荧光灯带、白炽灯，消防走道采用吸顶灯，控制方式为人工手动控制。拟将所有照明灯具改造为LED灯具，改造区域包含门/急诊楼、住院楼、行政楼、后勤楼、地下室。

11.2.2.4 能耗监测系统

通过现场调研和深化设计，统计出大楼内共计需要计量 76 条配电支路，针对变压器设计安装电子式多功能电能表，其中变压器进线 2 条，需要选择 2 台多功能电能表。除变压器外的其他配电支路仅需对各类综合供电支路进行计量，备用（无负载）电路不做计量。需要计量普通支路总数量为 78 个，分别选择使用普通三相远传电能表 78 块。

考虑到对该项目节能改造系统节能效益的测量与验证，根据运营管理需要，新增风冷热泵、水泵等主要耗能设备的电力计量。能耗监测系统如图 11-8 所示。

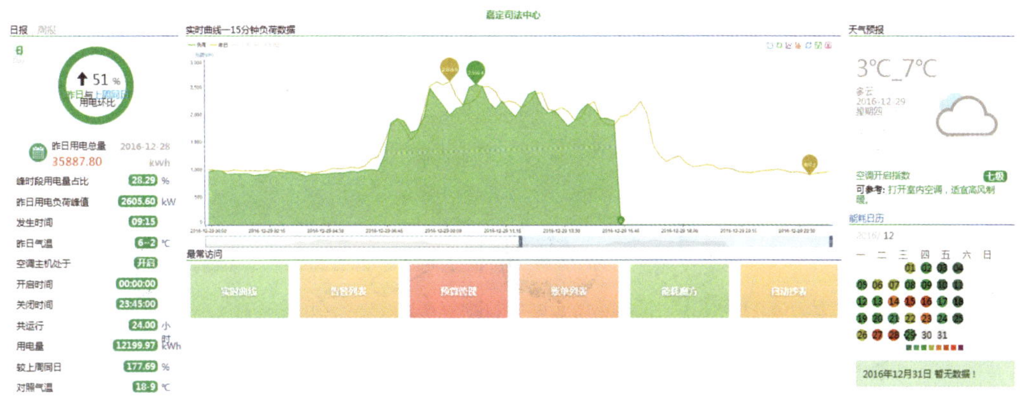

图 11-8 能耗监测系统

11.2.2.5 技术应用

BIM 以三维数字技术为基础，集成了建筑工程项目各类相关信息的工程数据模型，对工程项目设施实体与功能特性进行数字化表达，支持建设项目生命期中动态的工程信息创建、管理和共享。同时又是一种应用于设计、建造、管理的数字化方法，支持建筑工程的集成管理环境，使建筑工程在其整个进程中显著提高效率和大量减少风险。

根据南翔医院的特点，结合现有 BIM 技术优势，该项目的 BIM 技术应用点如表 11-4 所示。

该项目 BIM 应用内容　　表 11-4

序号	应用点	具体描述
1	现状建模	根据医院的图纸资料和现场勘查，建立项目改造范围内的现状模型，作为改造方案的实施依据
2	BIM 三维可视化施工方案	三维可视化协调就是利用 BIM 模型进行多专业、多参与方进行沟通与协调。在医院改造的过程中，指导项目的改造过程，协调各个改造项之间的联系
3	运维管理	将运营管理信息与 BIM 相结合

11.2.2.6 节能展示系统

为了充分展示本次节能改造项目的成果，增设节能改造互动展示平台，包括终端展示屏、信息发布网页和节能宣传片三部分。LCD 显示屏安装在南翔医院人流量较大区域，并开发节能展示网页。具体展示内容如下：

（1）动态展示节能改造全过程。

（2）各系统节能改造亮点。

（3）节能改造综合效益。

（4）建筑节能应用技术展示。

节能改造互动展示平台工作原理如图 11–9 所示。

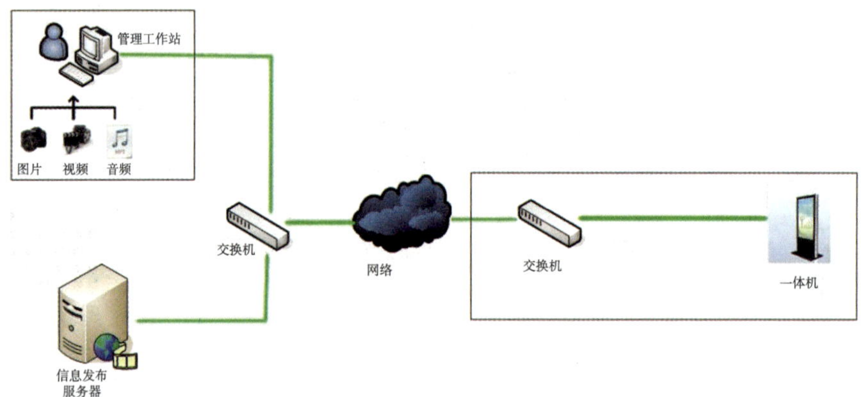

图 11–9　显示屏系统说明

11.3　项目合同签订与实施

南翔医院综合节能改造项目采用的是“节能量分享型”合同能源管理模式，合同于 2017 年 1 月签订，该项目节能效益分享期为 8 年。项目实施进度如表 11–5 所示。

项目实施进度表　　表 11–5

项目启动时间	2016 年 3 月	预计项目竣工时间	2017 年 9 月
编写设计方案	2016 年 6 月 ~ 2016 年 7 月	完成节能项目设计方案	
编写施工方案	2016 年 8 月 ~ 2016 年 10 月	完成项目施工方案设计	
项目施工阶段	2017 年 1 月 ~ 2017 年 8 月	完成设备采购、空调系统变频改造、生活热水系统改造、照明系统改造、变配电改造及能耗监测系统改造的施工安装，设备的调试与试运行	
预计项目竣工验收阶段	2017 年 9 月 ~ 2017 年 9 月	项目竣工验收，并由第三方机构对项目设备进行检测	
节能效益分享期	2017 年 10 月 ~ 2025 年 9 月	根据实际产生的节能效益双方按比例分享	

11.4 运行与效果评价

该项目现已完成项目的立项、现场勘查、能源审计、方案制定等工作，正在进行相关的施工准备工作。但在方案阶段已对项目的运作方式、策略、运行时间等进行了规划设计。

11.4.1 节能效果的评价

该项目改造涉及空气源热泵供暖系统、空气源热泵生活热水系统、LED 照明系统、机房群控结合全变频系统、能耗监测系统、BIM 技术应用、节能展示系统，共计 7 大项。按照招标文件给出的基准能耗值，预测节能量计算如表 11–6 所示。

综合节能量计算表 表 11–6

改造措施	年节约电量（万 kWh）	年节约燃气量（万 m^3）	折合标准煤（tce）
空气源热泵供暖系统	38.7	17.7	114.5
空气源热泵生活热水系统	8.7	4.2	28.9
机房群控结合全变频系统	13.5	—	40.3
LED 照明系统	49.0	—	146.9
能耗监测系统	—	—	—
BIM 技术应用	—	—	—
节能展示系统	—	—	—
合计	15.1	21.9	330.6

11.4.2 经济性分析

该合同能源管理项目的总投资额为 784.0 万元，整个项目的效益分享期为 8 年整，年节约费用约 108.9 万元，投资静态回收期为 7.2 年，具有一定的经济效益。

11.5 实施亮点与经验分享

11.5.1 实施亮点

在南翔医院的节能改造中有以下技术亮点：

（1）将 BIM 技术应用到既有建筑的节能改造中，为项目的能源审计、节能量预测、项目使用以及后期的节能运营管理提供了便利。

（2）将能耗监测平台与能效管控系统进行了深度融合，不仅能够掌握各项用能系统的用能情况，而且能够监测系统的运行状态、各项性能指标和故障情况。

11.5.2 经验分享

由于医院建筑的特殊性，相对于其他办公类建筑更具节能潜力。因此，在此类项目的节能改造设计中，详细分析了其用能需求，深挖其节能潜力，采用更高效的节能措施，通过精心的实施，取得了良好的节能效果。

12

北京大学第三医院外科一病区楼

项目外观图

建筑功能：医院外科一病区楼

建筑面积：3366m^2

EPC模式：节能效益分享型

技术措施：冬季及过渡季采用冷却塔代替冷水机组供冷，采用变频水泵

实施效果：实施后运行的总节电与天然气量合计为 111.8tce，节能率为 65.5%，节约能源费用 541543.61 元

12.1 项目概述

12.1.1 建筑概况

北京大学第三医院位于北京市海淀区花园北路 49 号，始建于 1958 年，是集医疗、教学、科研和预防保健为一体的现代化综合性三级甲等医院。2016 年，在岗职工 4861 人，开放床位 1752 张。医院设有 36 个临床科室、10 个医技科室。十余年来，北医三院门、急诊量始终居北京市各大医院前列。

该项目应用在北京大学第三医院的外科一病区楼（地下 2 层，地上 19 层）二、三、五层洁净区域，包涵手术室和 ICU，总面积为 3366m^2。该项目主要涉及外科一病区楼净化空调系统冷源部分。

12.1.2 用能系统概况

外科一病区楼所有洁净区域采用净化空调系统，在地下二层制冷机房设有 2 台捷丰模块化螺杆式水冷冷水机组，制冷量分别为 1648kW 和 618kW，并分别设有冷水泵、冷水泵各 4 台，为全楼四管制净化空调机组提供冷水。运行模式为夏季开启 1648kW 冷水机组，冬季开启 618kW 冷水机组，楼顶设有 3 台冷却塔。主要设备如图 12-1 所示，设备清单如表 12-1 所示。

图 12-1　制冷机房冷水机组和冷水泵、冷却水泵

主要设备清单　表 12-1

序号	设备	位置	功率（kW）	台数（台）
1	冷水机组	地下二层	47.2 × 8	1
2	冷水机组	地下二层	47.2 × 3	1
3	冷水泵	地下二层	45	2
4	冷水泵	地下二层	18.5	2

续表

序号	设备	位置	功率（kW）	台数（台）
5	冷却水泵	地下二层	45	2
6	冷却水泵	地下二层	18.5	2
7	冷却塔	二十层	5.5	3

12.1.3 节能潜力评估

由于手术室及ICU病房为相对封闭环境，房间得热量较大，需全年使用冷水机组供冷，以维持舒适的室内环境温度。该项目中，冬季及过渡季冷水机组不同负荷下的运行小时数如图12–2所示，冷水机组运行负荷在30%以下的运行时间占机组总运行时间近一半。冬季由于室内冷负荷较小，制冷主机所产生的冷量远超出使用需求，不仅造成了能源浪费，同时由于制冷设备长期的低负荷运转会影响设备使用寿命。另外，冷水机组冬季运行时还需再热板式换热器为低温冷却水升温，增大了能源消耗。

根据估算，采用节能措施后整个系统可实现88.04tce的年节能量。

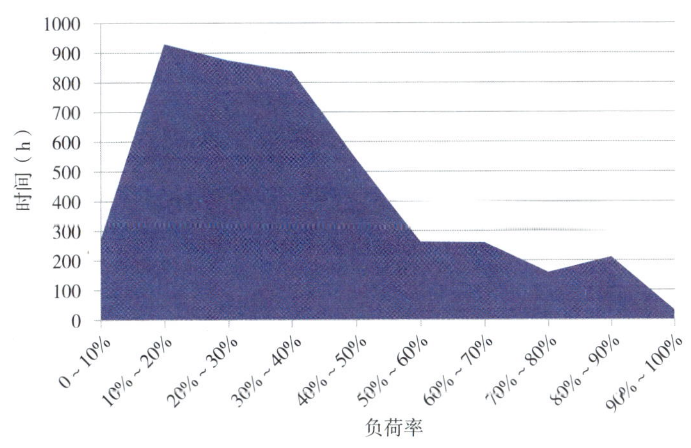

图12–2 冷水机组不同负荷运行小时数

12.2 合同能源管理实施方案的制定

12.2.1 总体方案的制定

在冬季和过渡季节，室外存在适宜的天然冷源，因此可以运用通过室外自然冷源（低温空气）冷却的低温冷却水代替制冷机组进行供冷。由于多数冷却水系统为开放式系统，管道内有大量的杂质和泥藻，因此需要使用换热器，利用冷却水将室内的冷水系统降温。既满足了手术室及ICU净化参数符合国家相关规范，又减少了制冷机组的运行时间，节约了电能，且减少了设备磨损。与此同时，还可以节约冷却水升温所需的天然气。

12.2.2 系统实施方案

据统计，北京春秋季及冬季（一般 10 月 10 日到次年 5 月 15 日）的室外空气湿球温度一般低于 15℃，冬季室外空气湿球温度一般低于 0℃。春秋季和冬季可以利用冷却塔将冷却水温度降低，然后通过板式换热器冷却冷水，最后利用末端的净化空调机组将冷量送到各个需要供冷的房间。

基于上面的分析，在过渡季和冬季可以利用冷却塔将冷却水降温，通过板式换热器换热后，将降温后的冷水送到各个房间，以满足手术室和 ICU 病房的制冷需求。这样可以停止原有制冷机房的冷水机组在过渡季及冬季的使用，原有机组作为备用。从而达到降温的目的，既保证末端制冷需求，又实现节能。

如图 12-3 所示，夏季开启阀门 1、2、3、4，关闭 5、6、7、8，运行制冷机制冷工况；春秋季和冬季开启阀门 5、6、7、8，关闭 1、2、3、4，停开冷机，运行冷却塔制冷工况。

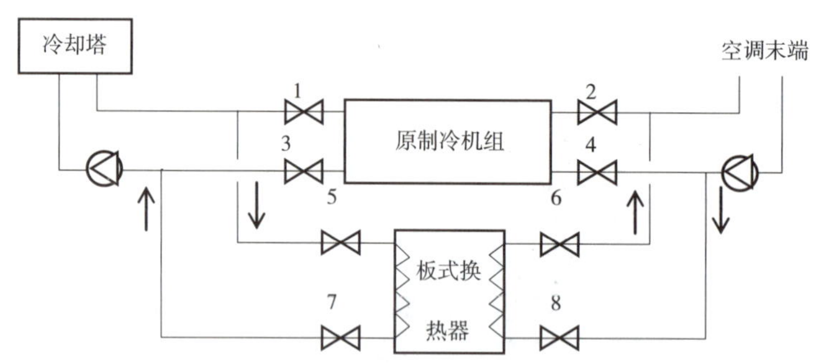

图 12-3 实施后系统运行示意图

为保证系统安全、稳定运行，系统建设中配套安装控制系统（见图 12-4）。该控制系统以 PLC 为主控制器，利用工业组态技术实现系统的自动运行控制：

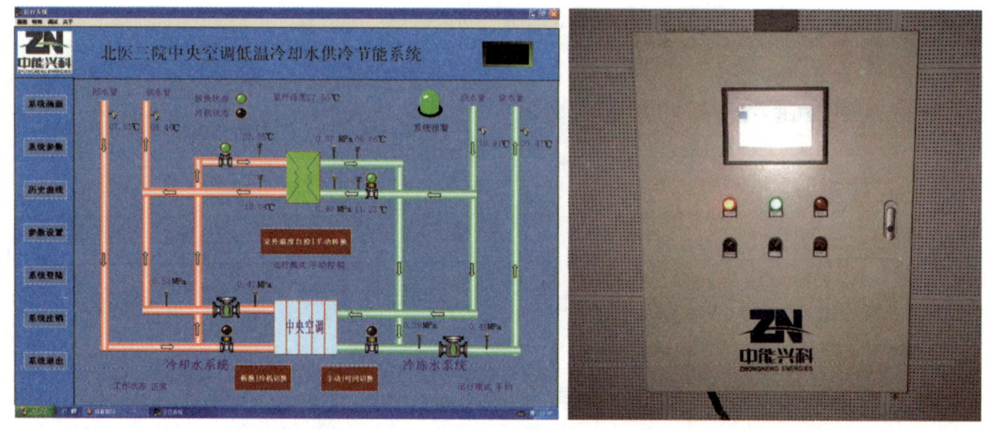

图 12-4 自控系统界面及控制柜

（1）实现系统内所有工况参数的实时监测，例如：冷却水温度、室外温度、冷水温度、末端负荷状态等；

（2）实现系统所有电控阀门启停、调节的自动控制；

（3）实现工况参数超标报警且运作联锁功能，例如：冷却水温度过低启用变流量策略；防冻温度节点时，启用电加热和热水升温补偿等动作；

（4）记录系统运行时间、状态以及相关运行曲线；

（5）当末端负荷增加，系统不能满足应用时，自动启动原制冷机组。

依据传热的原理，只要保持水管中的水流动，冬季水管内的水是不会结冰的，做适当的保温（岩棉 3mm）就可以解决 -20℃以下自来水供水的“挂蜡”结冰现象。

冬季冷却塔防冻要解决以下问题：

（1）保持水管内水的流动，不要有局部的存水弯存有“死水”。

（2）金属布水管要有一定的保温措施（见图 12-5）。

（3）改装冷却塔周围围挡网孔板，用以遮挡冬季北风造成的局部结冰。

（4）原冷却塔管网电加热、热水升温补偿等防冻措施保留。

（5）搭建自动控制系统，实时监测冷却塔最不利点水温、冷却水管内水温、补水管最不利点水温等，并且与相关加热措施联锁，起到防护作用。

图 12-5　冷却塔及管路保温

12.3　项目合同的签订与实施

该项目的合同能源管理模式为节能效益分享型，投资为 45 万元，合同签订的有效期为 3 年 2 个月（包含 2 个月施工期），节能效益分享方式为用能单位分享 30%，节能服务公司分享 70%，节能量的测量和确认由甲乙双方共同完成。

合同能源管理模式：节能效益分享型；

分享周期：2014 年 10 月 1 日起，节能效益分享期为 3 年；

实施过程：分为方案设计、施工阶段和运营阶段。

项目实施进度如表 12-2 所示。

项目实施进度表 表 12-2

项目开工时间	2014 年 8 月	项目竣工时间	2014 年 9 月
编写设计方案	2014 年 7 月	完成项目设计方案	
编写施工方案	2014 年 7 月	完成项目施工方案设计	
项目施工阶段	2014 年 8 月	完成设备采购、施工安装、系统调试	
项目竣工验收阶段	2014 年 9 月	完成项目竣工验收、试运行	
节能效益分享期	2014 年 10 月 ~ 2017 年 9 月	根据实际产生的节能效益双方按比例分享	

12.4 运行与效果评价

该项目于 2014 年 10 月完工投入使用。为了使冷水温度能够满足末端空调机组使用需求，运行人员根据室外温度对系统运行模式进行调整。根据经验，该系统运行时间为每年 10 月开始到次年 4 月。该项目目前已使用 2 年多，期间对每次换热器—冷水机组运行模式切换的时间以及水温、环境温度等参数进行记录。定期对板式换热器进行物理、化学清洗，以保证其换热效率。

12.4.1 节能效果的评价

该项目采取用能单位与节能服务公司共同对项目节能量和节能率进行测量和确认的方式，能源的测量与验证可分为电量和天然气量两方面。

节电量采用节能板式换热器使用时间段冷水机组耗电量差值估算，即取加装节能板式换热器前后全年冷机电量之差为节电量。节能板式换热器第一年的使用时间段为 2014 年 10 月 6 日 ~ 2015 年 4 月 25 日，与基准年同期相比节电量为 216280kWh；第二年使用时间段为 2015 年 10 月 14 日 ~ 2016 年 4 月 25 日，与基准年同期相比节电量为 183023kWh。总节电量为 399303kWh，相当于 49.1tce，节约电费 390151.85 元。

除了冷水机组停机直接节约的电量之外，由于加装节能板式换热器前，过渡季节使用冷机需使用循环热水将冷却水水温提升至 22℃左右，以保证冷水机组正常运行，加装板式换热器后停用冷机则不需循环热水，一定程度上节约了热量，可折算为天然气。根据运行记录，两个自然冷源供冷季节共节约天然气 47148m^3，相当于 62.7tce，节约天然气费用 151391.76 元。

截至2016年4月25日，该项目共节约电和天然气111.8tce，节约能源费用541543.61元（见表12-3），达到了预期效果。

节能量统计　　表12-3

	折合标准煤（tce）	能源费用（元）	减少碳排量（t）	综合节能率
节电399303kWh	49.1	390151.85	122.75	65.5%
节天然气47148m^3	62.7	151391.76	156.75	

12.4.2 经济性分析

该项目初投资为45万元，项目分享期为3年，年平均节约电和天然气费用270771.81元，整个项目投资静态回收期为1.7年。

12.5 实施亮点与经验分享

12.5.1 实施亮点

该项目为医院合同能源管理项目，由于医院是给人提供医疗护理服务的场所，具有其特殊性，如手术室、急诊、病房等区域，任何影响其运行连续性、安全性、应急性等特性的问题都可能造成严重后果。这对医院内包括空调系统在内的大部分设备的安全、稳定和连续运行都有着较高要求。因此，合同能源管理实施工作要以保障医疗秩序为前提，在不影响医院医、教、研工作的基础上进行项目的施工、调试和运行。

为避免项目施工对医院手术室、ICU造成不良影响，该项目利用节假日及夜间时间进行施工。当板式换热器系统无法满足末端使用需求时，在实现根据负荷自动切至冷机运行功能的同时，也可根据运行人员的经验或在特殊情况下进行手动切换，使系统运行的稳定性得以保证。

12.5.2 经验分享

合同能源管理作为一种新型市场化节能机制，具体项目的成功与否在于项目全程对风险的把控。由于该项目为医院，在项目实施的前期调研以及工程设计过程中应充分考虑设备运行的稳定性，若运行无法满足末端负荷或出现系统瘫痪，将可能导致全楼手术室、ICU出现感染，对人身安全造成危害。在该项目中，冬季板式换热器运行的同时原冷水机组作为备用并可自由切换，采取冷却塔防冻等措施，在实现节能的同时为运行稳定性提供了保障，技术层面上将项目运行风险降至最低。实际运行过程中，建立运行记录与系统的定期清洗等措施也为项目的实施提供了保证。

13

武汉图书馆

项目外观图

建筑功能：文化场馆

建筑面积：3.3 万 m^2

EPC模式：节能效益分享模式和保证节能量模式相结合

技术措施：围护结构系统改造、空调系统改造、照明系统改造、增设能耗监测系统

实施效果：年能耗较基准能耗节省标准煤 120t，减少碳排量 298t，综合节能率为 31.2%

13.1 项目概述

13.1.1 建筑概况

武汉图书馆新馆是武汉市“九五”时期的重要文化建设项目之一，位于汉口建设大道 861 号，西临武汉市交通银行（瑞通广场），其中轴线与正对面的香格里拉大饭店正对，整个建筑呈弧形合抱之势，采用对称退台式，高低错落、和谐统一，颇有“书卷之气”。

其中，地下一层为车库、木工房（人防）与设备用房，地上一～五层为裙房、设外界书库、各类阅览室、自学室、视听室，六～十层为书库，十一～十三层为办公室；十四层为设备用房。建筑总高 51.6m，总建筑面积为 32975m^2，空调面积 27580m^2。本次节能改造范围主要针对建筑围护结构、中央空调系统、室内照明及室外泛光照明与路灯照明等方面。

13.1.2 用能系统概况

武汉图书馆采用的能源类型主要是电，用能系统有空调系统、照明系统、变配电系统等。

13.1.2.1 空调系统

武汉图书馆冷热源系统改造前为麦克维尔螺杆式风冷热泵机组四台，单台机组的制冷量为 1000kW，制热量为 1050kW，额定功率为 313kW，4 台主机主要安装于十三层屋面上；设置 6 台 37kW 空调循环水泵（4 用 2 备），安装在十四层空调水泵房内；设有 2 台恒温恒湿机组，作为六层书库和阅览室空调系统的备用空调；末端形式一～五层主要为组合式空调机组，六～十三层主要为空调柜，部分空调房间为风机盘管加新风系统，部分房间使用分体空调。

空调水系统分为三个环路：左裙房；右裙房；主楼（四～十二层）。空调供回水立管为双管同程式，裙房各层总支管为异程式。冷热源设置在十四层，采用风冷热泵冷热水机组。空调系统冷热源主要设备如表 13-1 所示。

13.1.2.2 照明系统

武汉图书馆照明照度要求较高，灯具数量较多，同一房间灯具种类不同，不同房间照明开启时间不同，不同灯具开启间歇性不同。图书馆照明能耗较大，使用的灯具类型老旧，功率较大。室内照明主要采用 T8 系列 1200mm 及 600mm 荧光灯、射灯、筒灯等；室外主要为金卤灯及高压钠灯等。本次涉及改造的照明光源约 11000 套。

冷热源系统主要设备清单　表 13-1

序号	设备名称	型号	主要参数	数量（台）
1	风冷热泵冷热水机组	MHS285-2FST2	$Q_{冷}=1000kW$，$P_{制冷}=313kW$； $Q_{热}=1050kW$，$P_{制热}=327kW$	4
2	冷冻水泵	Y2-225S-4	$Q=243m^3/h$，$H=38m$，$P=37kW$	6
3	恒温恒湿机组	HF-52	$Q_{冷}=52kW$，$Q_{热}=28kW$，$P=37kW$； 风量 $12000m^3/h$； 最大加湿量 8kg/h	1
4	恒温恒湿机组	HF-38	$Q_{冷}=38kW$，$Q_{热}=24kW$，$P=33kW$； 风量 $9000m^3/h$； 最大加湿量 8kg/h	1

13.1.2.3　围护结构

武汉图书馆改造前一楼主入口（正前门）为可开闭的玻璃门，开启时尺寸为 2200mm × 1740mm。在图书馆对外开放时间（8：30 ～ 20：30）内玻璃门基本为全开。由于主入口常开，引入大量的室外空气，大大增加空调系统的冷热负荷。

武汉图书馆空调房间外窗采用 5mm 厚白玻璃，建筑总窗墙比为 0.25。一～五层外窗面积 $1423m^2$，六～十三层外窗面积 $1055m^2$。改造前外窗传热系数和遮阳系数较高，造成空调期负荷加大。原有外窗性能参数如表 13–2 所示。

改造前外窗性能参数　表 13-2

类型	传热系数 [W/（m²·K）]	遮阳系数 SC	可见光透射率（%）
5mm 单层白玻	6.1	0.93	77

13.1.2.4　能耗监测系统

武汉图书馆没有安装分项计量系统，其 1 级计量设备仅有 2 块水表及 1 块电表，没有任何 2 级及 3 级计量设备，对整个大楼空调、照明系统等的电能消耗无法做出详细的统计和相应的分析，电能的管理节能和行为节能还完全依赖工作人员的经验和设备使用习惯。

13.1.3　节能潜力评估

通过对武汉图书馆用能现状进行深度能源审计，该楼宇的围护结构、空调系统、照明系统及能耗监测系统等方面均具有节能改造的空间。

13.2　合同能源管理实施方案的制定

13.2.1　总体方案的制定

根据武汉图书馆深度能源审计报告分析可知，武汉图书馆的节能潜力很大，本次改造方案具体包括建筑围护结构改造（即建筑入口改造及外窗改造）、空调系统改造（即冷热源、水系统、风系统、BA 系统及优化节能控制改造）、照明系统改造（即更换节能灯具及增设照明自动控制系统）及能耗监测系统改造。节能改造后的节能量以建筑基准能耗为参考。

13.2.2 各系统实施方案

13.2.2.1 空调系统

原有空调机组绝大多数时间都是在非设计工况下运行，空调末端风系统运行效果很差，送风不均匀，其中一～五层送风量偏大，造成房间温度低于设计值；六～十三层送风温度高、送风量小，造成房间温度高于设计值；且目前水泵选型不当，水泵的实际运行流量与水泵选型参数差异较大；六～十三层现有空调系统，大空间内回风管道较长，回风阻力较大，且回风效果较差。经过现场勘查与分析，对水泵及六～十三层空调柜进行更换，并配备变频装置，一～五层空调箱增加变频装置（见图 13-1）；空调系统增设 BA 系统，对水泵和风机采用变频优化控制（见图 13-2）；六～十三层回风系统管路进行适当改造。空调系统改造后全年节能量约 44.54 万 kWh。

图 13-1　改造后的空调柜照片

图 13-2　改造后的水泵及变频控制柜照片

13.2.2.2 照明系统

为更好地达到图书馆实现节能减排、绿色照明的要求，结合现场实际情况分析，对图书馆灯具的光源进行了节能改造，选用新型低功耗、高效率的 LED 光源替代原有光源，对沿窗灯具增加照明智能控制系统（见图 13–3 和图 13–4）。本次改造室内及室外灯具约 11000 套，改造后节能灯具年节电量约 32.17 万 kWh。

图 13-3 图书馆改造后部分室内灯具照片

图 13-4 图书馆改造后部分室外灯具照片

13.2.2.3 围护结构

武汉图书馆一楼主入口由于常开，引入大量的室外空气，大大增加空调系统的冷热负荷。通过现场勘查及分析，对一楼主入口采用玻璃门斗，正面开门，中间为水平对开自动门，两侧为平开门（见图 13–5），可以有效地减少室外空气的渗漏，具有很好的节能效果。

图 13-5　改造后的主入口

武汉图书馆原有外窗传热系数和遮阳系数较高，造成空调期负荷加大，通过现场勘查及分析，将外窗更换为双层中空玻璃外窗（见图 13–6），以减小窗体换热造成的空调负荷，节省空调系统运行费用。围护结构改造后全年节能量约 20.59 万 kWh。

图 13-6　改造后的外窗

13.2.2.4　能耗监测系统

武汉图书馆用能均没有按照分类、分项进行计量。改造后供电系统电路按用电分项管理细化区分，将空调系统（冷水机组、冷水泵、空调机组、分体式空调等）、照明系统（室内照明）、室内设备（办公设备、插座等）、综合服务（电梯、给水排水等）和特殊区域（如信息中心、厨房等）分类计量。项目根据《公共机构办公建筑用电分类计量技术要求》，逐步安装计量装置，完善计量管理。

建筑的实际配电系统如图 13-7 所示。该建筑设置变压器两台，并设总计量柜一个。根据系统布置，1 号变压器后可分别设置一 ~ 五层左翼照明，一 ~ 五层右翼照明，一 ~ 五层中部照明，六 ~ 十四层照明，室外照明，开水器，1 ~ 6 号冷水泵（单台计量），一 ~ 十三层末端动力，3 号热泵机组分项计量，2 号变压器后可分别 1 号热泵机组，2 号热泵机组，4 号热泵机组分项计量。其中一 ~ 五层每层有动力 3 个支路、照明 3 个支路；六 ~ 十三层每层动力 2 个支路、照明 2 个支路。共安装计量电表约 80 块。

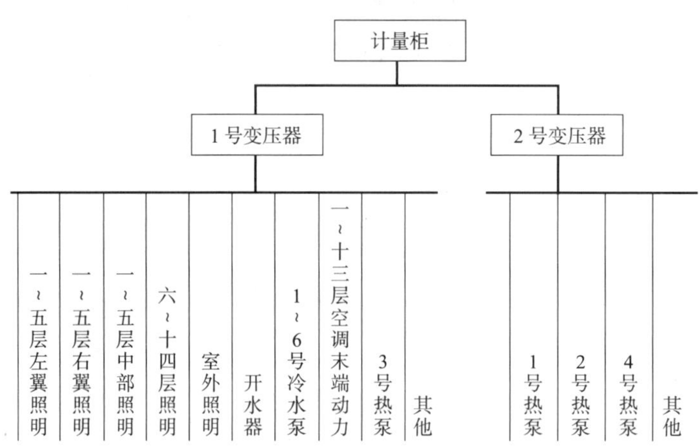

图 13-7　图书馆实际配电系统

通过上述计量与监测系统建设，实现了设备用能计量和设备状态监测；用电安全管理及电力状态监测；分户用能分时、能监测平台计费管理以及分项能耗诊断和节能分析。实时的数据记录和分析系统，采集的数据比原有的人工记录系统。

增加了上百倍的信息量。使得能准确发现能耗方面的各种问题；准确捕捉用电安全方面的瞬态信息，为物业人员提供了一个“放大镜”工具，将各个分系统能耗的大小、趋势和比例关系详实地展示给物业人员，辅助其日常工作。同时，能耗监测系统可以在同一个页面显示一个楼的总电耗、分项饼图、多楼总电耗对比图、建筑分项及分户实时耗电等，为整个数据图表的说明提供了更强的可读性，多维度的比较方式更容易暴露出能耗漏洞，也更容易找出问题所在。

13.3　项目合同签订与实施

武汉图书馆综合节能改造项目是利用法国开发署贷款投资，采用“节能效益分享模式和保证节能量模式相结合”的合同能源管理模式，该项目总投资为677万元，总节能率目标为31%，回收期不超过7.7年。项目实施进度如表13-3所示。

项目实施进度表　　表13-3

<table>
<tr><td>项目开工时间</td><td>2014年6月</td><td>项目完工时间</td><td>2014年10月</td></tr>
<tr><td>项目运营验收时间</td><td>2015年11月</td><td>项目竣工验收时间</td><td>2016年12月</td></tr>
<tr><td>能源审计</td><td>2012年9月</td><td colspan="2">对用能单位建筑能源使用情况及设备运行情况进行实地调研与分析，出具能源审计报告，由市建筑节能办组织专家评审</td></tr>
<tr><td>初步设计</td><td>2012年11月</td><td colspan="2">对能源审计提出的节能改造方案进行优化，提出具体解决方案，报市发展改革委审批</td></tr>
<tr><td>招投标</td><td>2013年11月</td><td colspan="2">通过公开招标确定设计—施工总承包单位</td></tr>
<tr><td>施工图设计</td><td>2014年7月</td><td colspan="2">设计—施工总承包单位根据初步设计改造方案（围护结构改造、空调系统改造、照明系统改造及能耗监测系统改造）进行深化设计，绘制详细施工图纸</td></tr>
<tr><td>施工阶段</td><td>2014年10月</td><td colspan="2">完成围护结构改造、空调系统改造、照明系统改造及能耗监测系统改造的设备安装、调试及试运行等</td></tr>
<tr><td>项目运营验收阶段</td><td>2015年11月</td><td colspan="2">项目运营验收</td></tr>
<tr><td>项目竣工验收阶段</td><td>2016年12月</td><td colspan="2">项目竣工验收，并由第三方机构对项目设备进行检测</td></tr>
</table>

13.4　运行与效果评价

由于建筑节能改造与气候紧密相关，特别是空调系统和围护结构的改造，需要考虑不同季节对节能量和节能率的影响，因此国内外对于建筑节能改造节能量的审核选取一年时间作为审核期，该项目的审核期为2015年11月至2016年10月。

13.4.1　节能效果的评价

该项目为法开署贷款项目，依据《武汉图书馆用能系统深度能源审计报告》、《武汉图书馆节能改造项目设计施工总承包合同》、《国际节能效果测量和认证规程》（IPMVP）、《公共建筑节能监测标准》JGJ/T 177-2009、《公共建筑节能改造技术规范》JGJ/T 176-2009、《公共建筑节能设计标准》GB 50189-2005、《节能项目节能量审核指南》（发改环资[2008]704号）等，进行节能量审核。

（1）IPMVP中节能量的审核

IPMVP是目前国际上普遍认可和采用的用于测量和验证节能量的基础方法和规程。IPMVP中以项目改造调试作为分界点，改造前一年作为基准期，改造后一年作为节能量的报告期，将改造前的能耗即基期能耗调整到报告期气象、人员条件下得到调整后的基期能耗再与改造后的报告期能耗进行对比，保证在同等条件下确定项目的节能量。通过图 13-8 可得出节能量和节能率的计算：

$$节能量（E_s）= 调整后基期能耗（E_a）- 报告期能耗（E_r）$$

$$调整后基期能耗 = 基期能耗 \pm 调整量$$

因此，IPMVP 的框架通常包括以下几个部分：

1）测量边界的选择：由节能改造引起变化的区域，需要安装新的计量仪表测试；

2）测量期的选择：至少包括设备完整运行的一个周期，以全面反映节能效果；

3）调整量的基础：常规调整如天气或产量调整等；非常规调整如设备运行调整等；

4）M&V 过程。

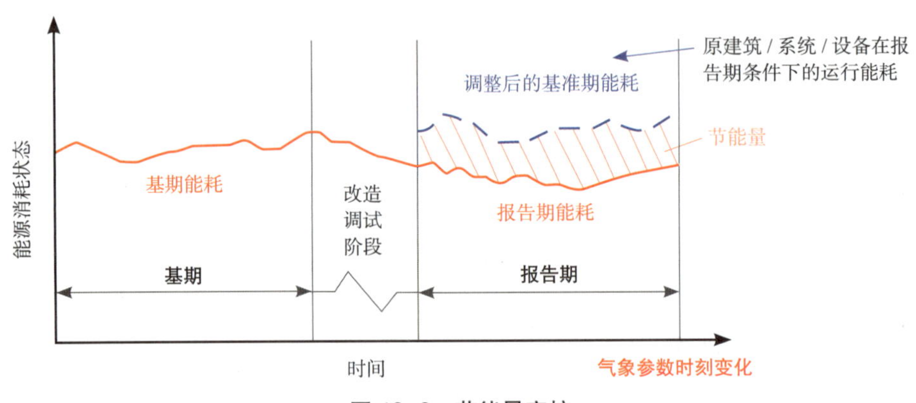

图 13-8　节能量审核

（2）M&V 的四种基本方案

方案一：隔离改造部分，测量部分关键参数。如果现场运行将节能改造部分与其他部分隔开，通过现场测量节能改造部分的能耗及一些重要的参数来确定节能量。如果某些参数对计算节能量影响很小，则可以采用估计值代替实测值，但需要检查节能措施的方案和计算节能量的方案，以确保该参数可以使用估计值。该方案适用于运行时间不变或者可约定，且设备功率固定的场合（如照明改造、高效电机替代等）。对于运行时间则可以采用约定或者估算的方式，不必进行测试。

方案二：隔离改造部分，测量全部参数。如果现场运行将节能改造部分与其他部分隔离开，通过现场测量节能改造部分的能耗及一些重要的参数来确定节能量。该方案适用于运行时间恒定或者可估算、功率不恒定、需要连续测试的设备，如变频改造等。

方案三：整体能耗设施账单分析。节能改造项目复杂且相互有交叉，无法隔离的时候，通过测试整个设施的能耗水平来确定节能量。通过测量总体能耗，分析总表数据、电费账单等数据计算节能量。该方案适用于预期的节能量比较大（一般大于 10%），足以摆脱建筑内其他因素对基期能耗的随机干扰的场合，如整个大楼的综合节能项目等。

方案四：校验模拟。通过模拟部分或者整个设施的能耗水平来测定节能量。需要能够模拟设施中实际能耗的效果，要求检测人员在校验模拟方面有较高的技巧。通过模拟数据得到校准后的基准数据，从而获得节能量。该方案适用于节能措施影响范围广且无法隔离、基准数据未知、其他审核方法都不可行的场合。

本次节能量审核主要针对整个建筑的空调系统、照明系统、建筑围护结构，节能量审核方案的选用如表 13-4 所示。

节能量审核方案的选用　　表 13-4

系统	方案	理由	充分性
照明系统	方案一	照明时间可以约定，照明负荷固定	约定产生的错误不会严重影响总的节能量
空调系统	方案二	运行时间可以估算，空调系统进行变频改造	空调系统能耗可以隔离计量
建筑围护结构	方案四	围护结构的节能改造影响范围广并且无法隔离	图书馆本身没有基准年数据
整个建筑	方案三	节能改造项目复杂且相互有交叉，无法隔离	EMS 能耗管理系统建筑用电不能代表整个建筑用电，需要用电力账单来确定节能量

13.4.2 经济性分析

通过一系列节能措施，并经第三方独立的节能量审核机构（中国质量认证中心）审核，该项目年能耗较基准能耗节省标准煤 302t，减少二氧化碳排量 836t，综合节能率为 31.2%（见表 13-5），超过合同预期节能率目标，起到了良好的节能示范作用。

年节能量汇总表（按照标准煤计算）　　表 13-5

节能改造系统		节电量（kWh）	节能量（tce）	减少碳排量（t）
围护结构系统		157053	19	48
中央空调系统		460358	57	141
照明系统	室内照明系统改造	324501	40	99
	室外照明系统改造	31427	4	10
能耗监测系统		—	—	—
总计		973339	120	298

13.5 实施亮点与经验分享

13.5.1 实施亮点

法国开发署贷款武汉市既有公共建筑节能改造示范项目（以下简称法开署项目）

建设内容为对武汉图书馆、武汉市人大等 25 个国家机关办公建筑、医院、学校和公共文化建筑项目进行包括外围护结构的性能改善、供暖通风空调与热水供应系统、供配电系统、照明系统及监测与控制系统等节能改造，总建筑面积约 135 万 m^2；同时该项目还包括项目测量与技术验证平台、项目课题研究、分项计量等子项。该项目总投资约 2 亿元，其中利用法国开发署贷款 2000 万欧元、内配资金 2612 万欧元、中央预算内资金 1000 万元。武汉图书馆是法国开发署项目的第一个节能改造示范项目。

（1）项目组织和管理创新

为加快推进项目实施，2012 年 5 月 24 日，成立了武汉市既有公共建筑节能改造工作领导小组，领导小组由分管城建的副市长任组长，副秘书长、市城建委副主任任副组长。成员单位由市城建委、市发改委、市财政局、市房管局、市公安消防局、市城建基金办、市公共机构节能办、市建筑节能办、市城建外资办等单位组成，明确了各成员单位职责。领导小组下设办公室，从各成员单位抽调 1 ~ 2 人，在市城建外资办集中办公。该项目由市城建委作为总牵头实施单位，负责项目实施过程中的组织领导和总体协调工作；市发改委负责项目可研、初步设计审批；市财政局负责项目资金管理、筹措、审核、拨付等；市城建外资办负责该项目实施过程中的各项具体工作。

（2）项目实施步骤创新

1）可行性研究：可行性研究是大型基础设施项目立项的基础文件。主要通过调研，评估项目的社会经济效益。

2）能源审计：对用能单位的主要建筑物情况、供热系统、空调系统、管网系统、照明系统、用水系统以及其他用能设备情况进行调查，掌握用能单位的总体基本情况，并提出可行的改造方向。

3）初步设计：根据能源审计提供的数据，在投资许可的范围内，对建筑的围护结构、热水系统、照明、供配电、空调等进行节能改造，并使回收期和节能率达到设定范围。

4）施工图设计—施工：中标单位在初步设计的框架内，尽量优化施工方案，根据现场情况深化设计并完成施工图设计及项目改造施工，通过政府相关部门的验收。

5）运营维护：根据项目用能特点，制定合理的运行策略，并通过能耗动态监测系统提供的数据来挖掘节能空间，实现节能减排的目标。

6）竣工验收：项目运营 1 年后，组织运营验收，第三方机构（中国质量认证中心）进行检测、核查，经过 1 年检测期后出具第三方用能系统节能量审核报告。

（3）通过增设能耗监测系统加强运行管理

通过增设能耗监测系统，武汉图书馆可以对其能耗数据进行实时、分类、分项计量与分析，及时了解用能情况，加强用能设备运行管理，提高能源利用率。

13.5.2 经验分享

通过该项目节能改造的实施，主要有以下几点体会：

（1）该项目是全国第一例利用外国政府贷款、采用合同能源管理（EPC）方式开展既有公共建筑节能改造的创新项目，也是两型社会建设的重点示范实践。

（2）该项目既是对武汉市既有公共建筑节能改造的启动，也是推进武汉市两型社会建设的重点示范实践，实施该项目开创了国内合同能源管理的新模式，有利于探索建筑节能的管理创新。

（3）该项目的实施有利于推动武汉地区既有公共建筑节能服务产业的快速发展，有效推动了节能新技术、新产品的推广应用。

（4）武汉市配套的建设管理程序对采用合同能源管理模式的节能改造项目实施起到至关重要的作用。法国开发署贷款项目是国内第一例利用外国贷款开展公共建筑节能改造的项目，武汉图书馆是第一个实施子项，在建设监管方面缺乏可借鉴的成熟经验。在项目推进过程中，项目报建、施工图审批、质监、安监、施工许可、验收等程序均需要相关管理部门特审特批，经过长时间摸索与总结，2014 年 7 月 15 日，武汉市城建委出台了《法开署节能改造项目建设管理程序》（武城建 [2014]138 号），从而加快了项目实施进展。

14

北京交通大学学生活动服务中心

》》项目外观图《《

建筑功能：办公楼

建筑面积：5.8 万 m^2

EPC模式：能源费用托管型

技术措施：循环水泵增加变频控制、老旧水泵更换、冷站设备远程群控、能源监测、末端典型房间温度及室外气象参数监测

实施效果：相对年能耗较基准能耗节省用电 23.3 万 kWh，节能率 24.1%

14.1 项目概述

14.1.1 建筑概况

北京交通大学学生活动服务中心位于北京市海淀区上园村 3 号北京交通大学西门。该建筑于 2011 年 11 月 15 日初步投入使用，规划用地面积为 1.68 万 m²，地下 2 层、地上 11 层，总建筑面积 5.8 万 m²，地上主要划分为两部分，其中学生活动中心部分地上建筑面积 2 万 m²，主要包括一站式服务大厅，学生食堂、学生艺术用房、学生浴室、小剧场、办公用房等；2 万 m² 的知行大厦主要包括底商及外租办公用房，地下建筑面积 1.8 万 m²，主要为车库和设备用房等。

14.1.2 用能系统概况

14.1.2.1 供暖空调系统

学生活动服务中心供热采用市政热源，空调冷源采用冷水机组配合冷却塔供应。末端主要采用风机盘管结合新风系统，小剧场采用全空气系统。

制冷站位于该楼地下二层，站内系统配置 2 台离心冷水机组（单台制冷量 2110kW，制冷功率 378kW）和 1 台螺杆冷水机组（单台制冷量 890kW，制冷功率 170kW），配套 5 台冷水泵和 5 台冷却水泵（见图 14-1），冷水设计供 / 回水温度 7℃ /12℃，冷却水供 / 回水温度 32℃ /37℃；本楼的中央空调水系统主管从地下二层的冷水机房引出，分 4 路分别供往知行大厦风机盘管、组合式空调机组和活动中心风机盘管、组合式空调机组，采用下供下回的方式。屋顶设置 5 台方形逆流式冷却塔，单台功率 5.5kW。

图 14-1 制冷主机和循环水泵

（1）冷热源

学生活动中心的冷源为两台离心冷水机组和一台螺杆冷水机组，冷水供 / 回水温度 7℃ /12℃，冷却水供 / 回水温度 32℃ /37℃；热源由地下二层空调热交换机组通过换热供给，供 / 回水温度 60℃ /50℃，相关信息统计如表 14–1 所示。

中央空调室外机统计表　　表 14–1

设备名称	品牌	型号	制冷量（kW）	制冷功率（kW）	制热量（kW）	制热功率（kW）	年份	数量
离心冷水机组	开利	19XR5P5P436DDS53	2110	378	—	—	2011	2
螺杆冷水机组	开利	30HXC250AH	890	170	—	—	2011	1

注：1. 低负荷时运行一台螺杆机组或是一台离心机组，高负荷时同时运行一台螺杆机组和一台离心机组。
2. 机组的启停均依据室外温度、教职工的反馈信息及场馆活动安排进行人工启停操作。
3. 制冷机组每年运行时间从 5 月底到 9 月底约 4 个月，主机每天运行 14h，循环泵 15h；供暖运行时间从 11 月中旬到 3 月中旬共 4 个月，全天运行。

（2）循环水泵

中央空调水系统从地下二层的冷水机房和换热机房引出，分 4 路供给知行大厦风机盘管、组合式空调；活动中心风机盘管、组合式空调。采用下供下回的方式，冬季供热水，夏季供冷水。循环水泵情况如表 14–2 所示。

循环水泵统计表　　表 14–2

设备名称	功率（kW）	流量（m^3/h）	扬程（m）	数量
冷水循环泵	75	400	40	3
冷水循环泵	22	167	32	2
冷却水循环泵	75	550	29	3
冷却水循环泵	22	220	23	2
热水循环泵	90	5330	46	2

注：1. 循环水泵分型号两用一备或一用一备运行。
2. 制冷系统循环泵均有软启功能，但无变频；制热系统循环泵有变频功能。

（3）空调系统末端

本建筑中的大空间采用全空气系统，相对独立的空间采用风机盘管加新风系统，全部为手动控制。

中央空调系统末端设备统计如表 14–3 ~ 表 14–6 所示。

新风机组统计表　　表 14–3

设备名称	新风量（m^3/h）	风压（Pa）	功率（kW）	数量
新风机组	1500	400	0.75	6
新风机组	2000	400	1.1	1
新风机组	2400	400	1.5	2

续表

设备名称	新风量（m^3/h）	风压（Pa）	功率（kW）	数量
新风机组	4200	400	2.2	2
新风机组	5000	400	3	1
新风机组	6500	400	3	1
新风机组	7000	400	3	1
新风机组	7500	400	3	1
新风机组	8050	400	3	1
新风机组	8300	400	3	1
新风机组	10000	400	5.5	4
新风机组	11000	400	4	1
新风机组	19000	400	7.5	1
新风机组	23000	400	7.5	1
新风机组	33000	400	11	1
新风机组	35000	400	11	1
新风机组	63000	400	22	1
总计	—	—	—	27

空调机组统计表 **表 14-4**

设备名称	风量（m^3/h）	新风量（m^3/h）	风压（Pa）	功率（kW）	数量
空调机组	10000	4000	500	5.5	1
空调机组	15000	5400	500	7.5	1
空调机组	17000	2200	500	7.5	1
空调机组	20000	2000	500	11	1
空调机组	21000	2400	500	11	1
总计	—	—	—	—	5

新风换气机组统计表 **表 14-5**

设备名称	新风量（m^3/h）	排风量（m^3/h）	风压（Pa）	功率（kW）	数量
新风换气机组	1100	1300	300	1.1	1
新风换气机组	1400	1100	300	1.1	2
新风换气机组	1500	2000	300	0.9	4
新风换气机组	1600	1300	300	1.3	2
新风换气机组	1700	1300	300	1.3	1
新风换气机组	2000	1600	300	1.9	2

续表

设备名称	新风量（m^3/h）	排风量（m^3/h）	风压（Pa）	功率（kW）	数量
新风换气机组	2800	4100	400	2.2	1
新风换气机组	3000	2400	400	2.3	6
新风换气机组	3800	5100	400	3.3	1
新风换气机组	4000	5000	450	3.3	9
新风换气机组	5000	4000	450	3.7	12
新风换气机组	6000	4800	450	4.5	1
新风换气机组	10000	8000	550	8.5	2
新风换气机组	22700	18000	600	26.2	1
总计	—	—	—	—	45

风机盘管统计表 表 14-6

设备名称	制冷量（kW）	制热量（kW）	功率（kW）	数量
风机盘管	1.52	2.7	0.04	28
风机盘管	2.4	4.2	0.059	212
风机盘管	3.15	5.9	0.074	299
风机盘管	3.53	6.4	0.088	124
风机盘管	4.07	7.6	0.111	129
风机盘管	4.13	6.96	0.083	12
风机盘管	4.8	8.4	0.108	113
风机盘管	6.12	10.63	0.154	47
总计	—	—	—	964

14.1.2.2 生活热水系统

学生活动服务中心地下有集中学生浴室，热水热源由太阳能集热系统和辅助污水源热泵提供。

14.1.2.3 照明系统

照明灯具主要采用 T5 节能灯，一层食堂和二层食堂为筒灯，楼梯间走廊采用声光延时控制。学生活动中心每日的照明时间为 15h（7：00 ~ 22：00），知行大厦平均每日照明为时间 13h（7：30 ~ 20：30）。

14.1.2.4 能耗监测系统

学校建设有统一的能源监测平台，能够监测该建筑的用电、用水、用热总消耗量，其中用电监测可细分为制冷机房用电、照明插座用电及特殊用电等主要用电分项。

14.1.3 节能潜力评估

从学校现有能源监测平台的数据得知，2014 年全年耗电量为 594 万 kWh；年耗电指标为 102.4kWh/（m^2·a）（见图 14–2）。

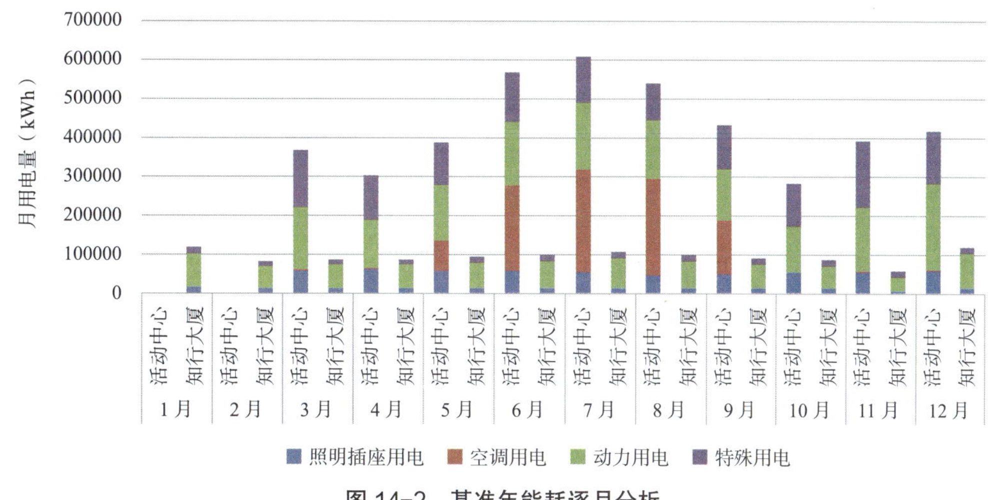

图 14–2 基准年能耗逐月分析

由图 14–2 可知，本建筑耗电量峰值出现在 7 月，即气温最高的时段，主要由于此时冷负荷最高，空调耗电量增大所致。动力用电和特殊用电全年耗能稳定，主要为厨房内设备用电。在能耗占比方面，空调用电、动力用电和特殊用电均占有很高比例，但由于原有能源监测系统计量划分不是特别明确，较为明显的是空调末端并没有拆分计量到空调用电内，否则空调用电占比可能会更高。

14.1.3.1 暖通空调系统

（1）热源：由市政热力管网经换热后供给本楼，系统稳定可靠，计量收费，改造可操作性不大。

（2）冷源：分析空调用电的计量支路，主要为制冷站电表计量数据，改造前制冷站年耗电量为 966756kWh。经调研改造前制冷系统存在如下问题：

1）空调输配系统定流量运行，设备选型偏大，导致系统长期处于大流量小温差的运行状态。选型偏大使得水泵单机对单泵运行时出现过载跳闸现象，实际运行采用一机对两泵模式，输配能耗较大。

2）冷水机组以及辅助设备缺乏压力、温度、冷热量、电耗、室外温湿度等相关监测及计量设备和必要的调控手段，无法实时获得空调系统主要用电设备的能效指标，以便了解系统运行情况，并及时调整运行策略。

3）自控措施缺乏，空调系统全凭运行人员靠经验进行手动控制（包括冷机出水水温设定、冷机开启台数、冷却塔开启台数、水泵运行台数等)，管理粗放。

4）老旧设备故障，如其中一台离心式冷水机组远传模块出现故障，无法远程监控；冷水泵、冷却水泵均有 1 ~ 2 台出现故障无法使用。

5）5 台冷却塔原连通管为 DN200，实际运行中冷却塔出现一边溢流一边补水现象，现场运行人员通过将冷却塔进水阀全部打开解决此问题。但由此会导致冷却水旁通，大量冷却水经过未开启风扇的冷却塔旁通会影响冷却水系统散热效果。

综上，空调制冷系统既存在较大节能潜力，又计量明确，可作为节能改造的重要部分。

（3）空调末端：由于空调末端用电支路与空调插座、特殊用电没有细分计量，不能得到准确的用电数据。末端风机盘管由各房间就地控制面板控制，控制面板已具备定时开关机锁定温度功能。新风换气机组虽然数量较多，但实际运行中由于机房分散，且能耗较高，新风机组很少开启。组合式空调机组服务于学生活动中心小剧场，在剧场使用时，由运行人员手动开启，使用完毕后关闭。

综上，空调末端可以按使用者需求进行及时开启和关闭，并且主要高耗能设备新风换气机组很少开启，故节能潜力不大。

14.1.3.2 生活热水系统

现有太阳能集热系统和辅助污水源热泵提供生活热水热源的方式，节能效果明显，节能改造空间小。

14.1.3.3 照明系统

经过沟通，校方已申请资金自行更换地下车库节能灯为 LED 灯具，并计划增加红外感应装置控制车位照明。故本次改造不再涉及。

14.1.3.4 能耗监测系统

（1）能耗监测系统：学校建设有统一的能源监测平台，但对学生活动中心的计量监测分项不够细致，尤其是制冷站内重要设备没有单独计量能耗，并且设备没有远程运行监控措施，故本次改造考虑完善能耗监测及运行监控系统。

（2）对于本建筑的改造，主要思路是从节能空间大、改造前能耗计量详细并且便于统一使用管理的系统入手，提高能源利用效率、完善智能控制手段、加强能源管理，制定相应的节能方案。

（3）经过节能潜力评估，确定本次改造主要针对学生活动中心制冷站及能源监测系统进行升级改造。

14.2 合同能源管理实施方案的制定

（1）制冷系统更换 1 台老旧冷却水泵，大幅提升水泵效率，流量、扬程与实际运行工况更匹配，解决过载问题。

（2）对制冷系统常开启的 2 台 75kW 和 2 台 22kW 循环水泵增加变频控制柜。此项改造可实现制冷系统循环水泵在部分负荷时的变频运行，解决水泵过载问题，降低水泵能耗。

（3）冷站设备远程群控，实现根据负荷预测启停主机，根据负荷需求自控变频水泵，根据冷却水温度自动启停风机等（见图 14-3 和图 14-4）。

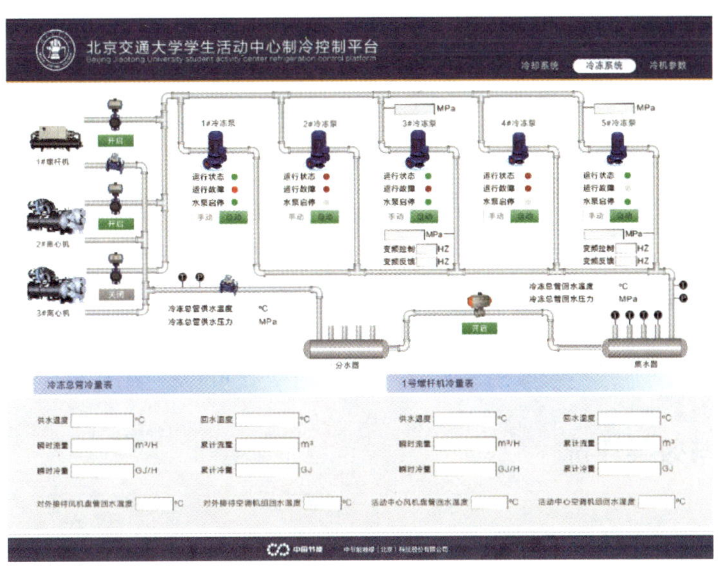

图 14-3　北京交通大学学生活动中心制冷控制平台界面

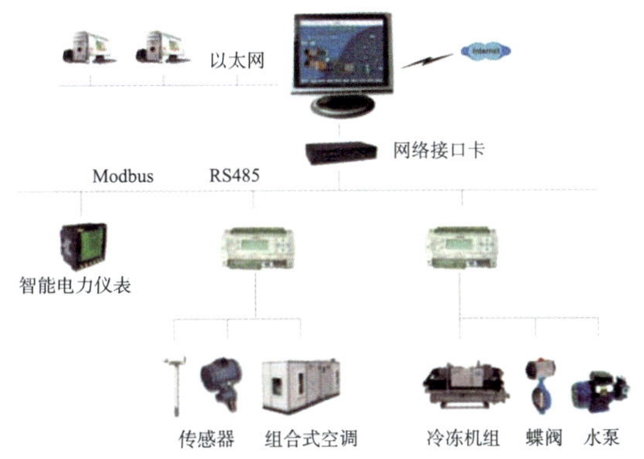

图 14-4　北京交通大学学生活动中心制冷控制系统组成

（4）制冷系统制冷量能耗、主要运行参数、末端典型房间温度、室外温湿度远程监控。

14.3 项目合同的签订与实施

北京交通大学学生活动服务中心节能改造项目采用能源费用托管型管理模式，经双方协商确定能耗基准，节能服务单位承诺以低于能耗基准的能源费用托管制冷站能源费（主要为电耗费用），合作期 5 年，并通过节能改造措施，实现设备升级，系统安全高效运行。项目实施进度如表 14-7 所示。

项目实施进度表 表 14-7

项目启动时间	2014 年 5 月	项目竣工时间	2016 年 6 月
编写设计方案	2014 年 7 月 ~ 2015 年 10 月	完成节能项目设计方案	
编写施工方案	2015 年 11 月 ~ 2016 年 2 月	完成项目施工方案设计、设备采购	
项目施工阶段	2016 年 3 月 ~ 2016 年 5 月	完成变频改造、更换水泵、集中监控、能源管理平台完善，设备的调试与试运行	
项目竣工验收阶段	2016 年 5 月 ~ 2016 年 6 月	项目竣工验收	

14.4 运行与效果评价

改造前，该制冷站依据室外温度对相关设备进行人工启停操作，根据室外气温高低有三种运行模式：制冷主机在特热天气里开一大一小两台机组；较热天气里开一台大机组，另一台机组作为备用；在热的天气里开一台小机组。集中供冷时间：5 月初 ~ 9 月底（约 5 个月），主机每天运行 14h，循环泵运行 15h。冷水泵、冷却水泵均有软启功能，但无变频。冷却塔启停完全靠人工操作，根据冷却水温度高低确定机组启停和投入组数。

该项目刚完成调试试运行，系统尚未完全按自控系统策略运行，后续将对系统进行运行方式优化，包括：

（1）冷水泵：根据冷水供、回总管压差变频调节水泵转速，供、回总管压差同时控制供、回管路之间的旁通阀，保证水系统安全流量。

（2）冷却水泵：根据冷却水供、回总管温差变频调节水泵转速，使通过冷机的冷却水温差基本不变，同时保证冷机安全流量。

（3）冷却塔：设定进入主机的冷却水的水温下限 T_{in0}，如果冷却塔出水温度高于 T_{in0}，则增加风机台数，并联动打开相应冷却塔水路阀门；如果冷却塔出水温度低于 T_{in0}，则减少风机台数，并联动关闭相应冷却塔水路阀门。

（4）冷水机组：根据室内外温湿度参数，预测空调负荷，合理开启对应负荷的冷水机组，并联动开启冷机对应水路阀门。当冷机关闭时，联动关闭冷机对应水路阀门。监测冷机进、出水温度，在系统运行稳定的情况下，尝试设定提高出水温度，但应保证 5℃温差运行。

14.4.1 节能效果的评价

该项目依据《北京交通大学学生活动服务中心节能改造项目合同能源管理合同》中双方约定的年能耗基准进行节能量的测算，对比 2016 年制冷站总计量电表可知：2016 年改造后制冷站相对能耗基准节能量约 23.3 万 kWh，节能率 24.1%。

14.4.2 经济性分析

2016 年改造后制冷站节能量约 23.3 万 kWh，项目电费单价 0.53 元 /kWh，折合节约费用 12.35 万 / 年。

14.5 实施亮点与经验分享

14.5.1 实施亮点

改造前根据设备功率及运行时间估算主要设备能耗，经过能耗拆分显示（见图 14–5），改造前系统中水泵能耗比重约占 55%，明显偏高。

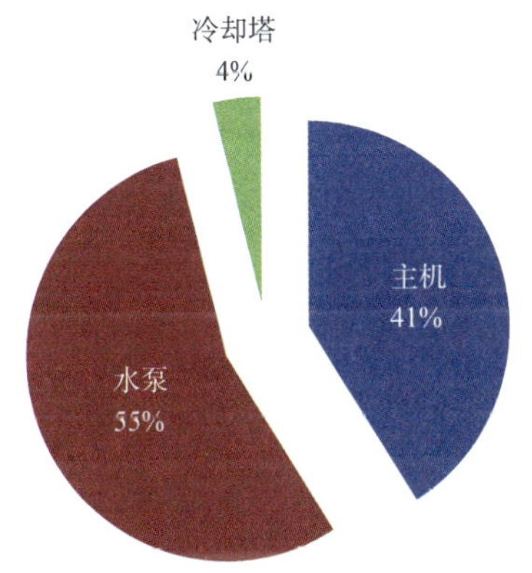

图 14–5 改造前主要制冷设备能耗拆分

结合设计工况为一机对一泵运行，而实际使用过程中，出现了电流超过额定值的现象，为安全起见，不得不采用一机对两泵的运行方式，用增大能耗换取安全运行。分析原因：循环泵存在工作扬程小于铭牌值的现象，泵工作流量大于铭牌值，工作点严重偏移（见图 14–6）。因此如果能解决该问题则能大幅减少水泵运行时间，减少水泵运行能耗。

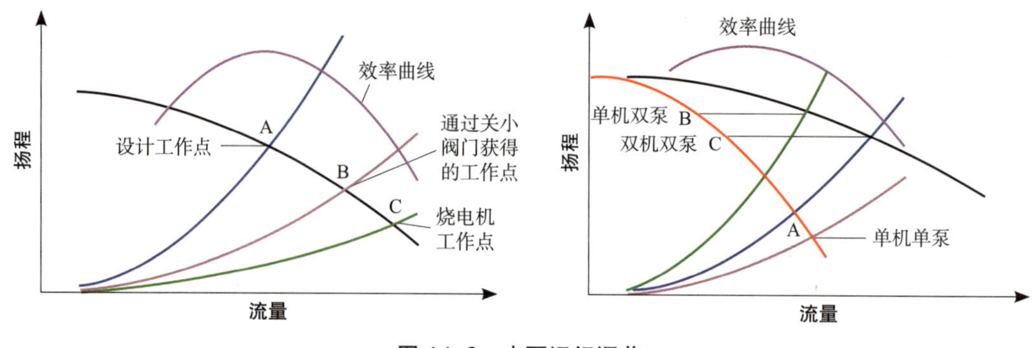

图 14-6 水泵运行调节

解决方案：

（1）对实际工作点偏离额定工作点严重的泵进行更换。

（2）水泵采用变频控制，调节匹配系统所需流量。

改造后主要制冷设备能耗拆分如图 14-7 所示。

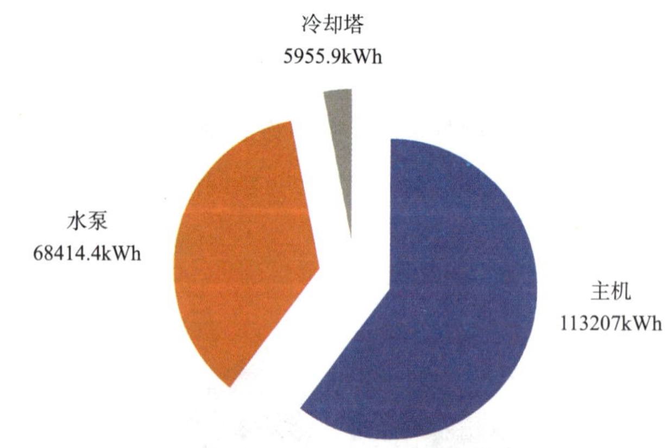

图 14-7 改造后主要制冷设备能耗拆分

14.5.2 经验分享

该项目采用合同能源管理模式进行节能改造，由节能服务方承担改造费用，从而降低业主的技术风险和投资风险。既完成了老旧设备升级，又使得双方均取得节能收益，互利共赢。

通过该项目节能改造的实施，主要有以下几点体会：

（1）项目的成败取决于前期数据采集的准确性，要排除一切未知的情况，要严密地找出问题，制定解决问题的有效方案，判断经济合理性。

（2）合同能源管理模式促进节能项目的实施，帮助用能单位分担由于项目的实施可能带来的技术风险、管理风险和融资风险。

（3）节能服务公司通过同类项目的开发和大量复制提高项目运作能力，降低项目成本，使自身特长有效发挥，推动技术成熟发展。

（4）该项目采用能源费用托管型合同能源管理模式，该模式更适合托管设备能够统一使用管理的项目，在工作界面划分和节能量测算时，该类项目更容易达成共识。该项目的实施，意在探索能源费用托管型模式在高校节能改造中的应用方式，为高校节能工作的开展提供新的思路。